中央高校基本科研业务费专项资金资助

（项目编号：15LZUJBWZX002）

Supported by the Fundamental Research

Funds for the Central Universities

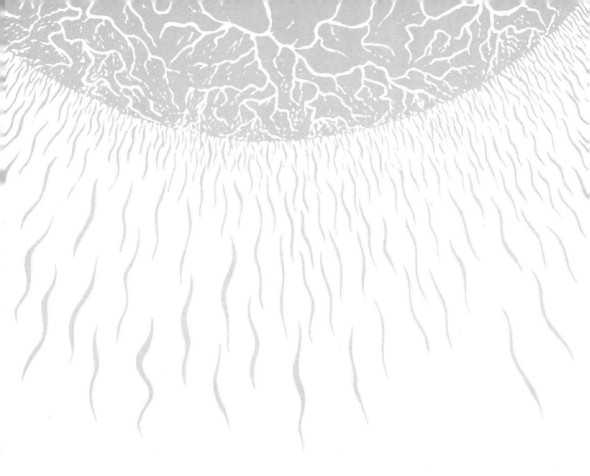

阿里·法拉比思想
与现代社会

Al-Farabi and Modernity

[哈萨克斯坦] 噶·木·木塔诺夫　主编

李发元　余源　桂亮　译

中国社会科学出版社

图字：01-2015-7419

图书在版编目（CIP）数据

阿里·法拉比思想与现代社会 /（哈）木塔诺夫主编；李发元、余源、桂亮译 .
— 北京：中国社会科学出版社，2015.12
ISBN 978-7-5161-7533-0

Ⅰ.①阿…　Ⅱ.①木…②李…③余…④桂…　Ⅲ.①法拉比（870～950）
— 哲学思想 — 研究　Ⅳ.①B371

中国版本图书馆 CIP 数据核字 (2016) 第 012116 号

出 版 人	赵剑英
责任编辑	王　茵
特约编辑	张　潜
责任校对	王佳玉
责任印制	王　超

出　　版	中国社会科学出版社
社　　址	北京鼓楼西大街甲 158 号
邮　　编	100720
网　　址	http://www.csspw.cn
发 行 部	010-84083685
门 市 部	010-84029450
经　　销	新华书店及其他书店

印刷装订	三河市君旺印务有限公司
版　　次	2015 年 12 月第 1 版
印　　次	2015 年 12 月第 1 次印刷

开　　本	710×1000　1/16
印　　张	14.75
插　　页	2
字　　数	220 千字
定　　价	56.00 元

目 录

第一部分　阿里·法拉比思想及其现实意义

第二部分　阿里·法拉比之智慧

第一部分

阿里·法拉比思想
及其现实意义

阿里·法拉比哲学思想的
社会现实意义

阿里·法拉比是伟大的东方哲学家，他的思想体系，越来越引发世界各国学者的研究兴趣。阿布·纳斯尔·穆罕默德·伊本·穆罕默德·伊本·吾孜拉克·伊本·塔尔汗·阿里·法拉比·阿特·图尔基是一位伟大的学者和博学之士，他是伊斯兰哲学界的璀璨之星，也是世界哲学界的杰出代表，被誉为继亚里士多德之后的"第二导师"。阿里·法拉比的思想对其后的文化发展，特别是对东方及中亚各民族文化、突厥文化、哈萨克文化的发展都产生了极其深远的全方位影响。阿里·法拉比的思想遗产是无价之宝，是东西方文化相互融合与相互理解的象征。

因此，以阿里·法拉比命名的哈萨克国立大学，应以传播这位伟大思想家的思想为己任。目前，哈萨克国立大学正在开展大量的工作，不断充实"阿里·法拉比研究中心"的研究力量，完善阿里·法拉比博物馆的建设，出版阿里·法拉比的系列学术研究著作，并在基础研究项目框架内不断组织开展新的科研探索。其中一个重要事件是，2013年哈萨克国立大学与约旦大学联合创办了"阿里·法拉比科教文化中心"，首批出版了三部分别以哈萨克语、俄语和英语撰写的阿里·法拉比哲学专题论文集。同时，阿里·法拉比哈萨克国立大学还开设了《阿里·法拉比思想及其现实意义》的专题课程，并编写本书作为教材，这一举措具有极其重要的意义。本书一经出版，定将成为学生和对哲学，以及阿里·法拉比学术思想感兴趣的广大读者的案头必备之书。

阿里·法拉比世界观中的一个重要思想是其倡导的幸福观。所谓幸福就在于人能否与世界、与他人、与人本身和谐相处，能否拥有高尚的品质。正如这位哲学大师所言："既然人的存在目标是努力争取最大的幸福，那么首先要知道什么是幸福，并应将此作为奋斗目标而不断向其迈进。同时还应知道，为获取幸福应该去做些什么？"

根据阿里·法拉比的观点，并不是每个人都拥有获得幸福的能力，所以需要一位导师来引领人踏上这条并不平凡的征程："说到不同个体的不同性格特征，显然并不是每个人都有能力，或仅凭自己就能正确认知幸福及幸福的内涵，为此就需要一位老师或导师来指导人踏上真正的幸福之路。"

这样的指导在现代大学可以实现，也完全能够实现。正如阿里·法拉比在其社会美学著作中所畅想的那样，"人首先需要接受教育，不通过教育获得的知识对人类来说将是有缺陷的"。根据阿里·法拉比的理念，教育能够正确引导人提高精神道德，获得知识技能，从而获得真正的仁爱与幸福。现代高校的使命不仅在于培养高水平的专业人才，更要培养具有高尚道德情操和崇高目标的新一代公民，使其能在现代社会价值体系中找到自己的正确位置。

为建成新型大学，阿里·法拉比哈萨克国立大学实施了重大创新科研项目"阿里·法拉比大学智慧城（AL-Farabi University Smart City）"，其核心理念正是阿里·法拉比的思想体系。众所周知，"智慧城（Smart City）"项目在发达国家已顺利实施，且进行得如火如荼，但这仅限于住宅公用事业领域，只致力于利用信息技术保障城市居民的生活质量，而阿里·法拉比哈萨克国立大学实施的"智慧大学（Smart University）"项目的特点在于将人文与技术进行有机结合，协调物质与精神的本源。实质上，"智慧城（Smart City）"的原型是合乎道德之城（或称理想国——译者注），即阿里·法拉比思想体系中的公平与仁爱社会，其核心特征是获得最佳生活，即在精神上获得愉悦、和谐。

高水平社会的创建与科技进步，与智慧（smart）技术的发展紧密相关。人类在"人与机器"关系系统中找到了想要的规律，但很遗憾，我们至今无法在"人与社会"的现代体系中取得类似成果。人类至今没有学会正确理解一些规律和机制，以此实现在自然界中的自我发展与自我调节，没有学会根据自我存在来利用这些规律和机制。技术的蓬勃发展为我们腾出了时间，更确切地说，是为我们腾出了精力，正确分配这些精力并将其用于创造性的工作是非常重要的。而且，人的行为不应该仅类似于"聪明"的机器设备，相反，人的思想与行为应该基于很高的精神道德价值，人的创造性活动最终取决于人的道德水平。

根据阿里·法拉比的训诫和思想，不论是普通人，还是领导者，都应具备高尚的道德品质，这样我们就能建成我们的"合乎道德之城"。在任何一个城市与社团中，人都是第一位的。据此我们可以说，人是决定一切的因素。

最后，本人想借用阿里·法拉比的一句话来呼吁大家："只有齐心协力，联合起来，人们才能获得幸福。人只有通过合作和互相帮助，才能得以自我完善。因此，用高尚的道德精神把志同道合的人联系在一起，幸福才有保障。"阿里·法拉比哈萨克国立大学的目标就是在近期构建理想国模式，将民族精神价值建设作为学校的神圣使命。

阿里·法拉比哈萨克国立大学校长

噶·木·木塔诺夫

　　　　　　法拉比是一位将毕生精力献给和谐人类建设的人，

　　　　　　　　他是一位一千年前只为人类而活着的人，

　　　　　他是一位眼中只有智慧、知识和渴求认知世界的人。

—— 阿·阿里姆让诺夫

第一节　阿里·法拉比的生平与创作

　　在撰写阿里·法拉比的生平时，我们主要参考了伊本·阿比·吴赛比亚的《关于医生阶级的历史文献》、阿里·基弗济的《学者与智者》和伊本·哈利康纳的《名人长眠日与时代之子》等资料。

　　阿里·法拉比全名叫做阿布·纳斯尔·穆罕默德·伊本·穆罕默德·伊本·塔尔汗·伊本·吾孜拉克·阿里·法拉比·阿特·图尔基，9世纪（870年）出生于维西志城堡。维西志城堡位于奥特拉尔绿洲（今南哈萨克斯坦境内），后被阿拉伯占领并更名为法拉布区。奥特拉尔绿洲是哈萨克斯坦人最早定居的地方，也是最古老的农业与城市文明中心，它位于各种地形的交汇处，曾是驼队作为交通工具时代最重要的交通枢纽和手工业、贸易、文化中心。正是这样一片土地孕育了阿里·法拉比。除了阿里·法拉比，在奥特拉尔还诞生过许多著名的学者与思想家。时至今日，他们当中仍有三十多人的名字代表着哈萨克斯坦中世纪城市科学的繁荣。

　　阿里·法拉比名字中的"阿特·图尔基"标志着他是一位突厥人。所以，如果依据中世纪历史编纂学家和现代学者的研究资料，那么阿里·法拉比的家乡就在今天的哈萨克斯坦境内。

　　阿里·法拉比的创作与伊斯兰文化的"黄金时代"相关。奥特拉尔在当时是阿拉伯哈里发王朝的边陲。正如今天的哈萨克斯坦青年前往科教发达城市求学镀金一样，当时二十多岁的阿里·法拉比也离开自己的家乡远赴近东求学，因为那里曾经拥有广袤的土地，是哈里发王朝商贸与文化重镇。

大家可以在脑海中勾勒一下年轻的阿里·法拉比的求学之路。

少年时代的阿里·法拉比汲取了杰士特·伊·吉普恰卡的自由精神。故乡辽阔的草原，迎风飘扬的马鬃，唤醒了法拉比对自由和幸福的向往。他渴望畅游远方的国度，揭示更多的未解之谜。尚在童年时期，法拉比就对各种乐器的声音表现出极大的兴趣，这种对音乐的酷爱从此在他心中扎了根。在外出求学之前，法拉比就已经阅读了人生中的第一批书籍，也正是这些书籍激发了他对"知识"孜孜不倦的探究精神。

瑟格纳克、萨午廊、塔拉兹、雅西、巴拉萨共、奥特拉尔、伊特岗等古城都曾是古代精神文化中心和众多著名学者的故乡。这些伟大的学者在驼队经过的地方长大，而这些地方则像桥梁一样相互连接，成为最重要的文化交流通道。

我们对哈萨克斯坦古代历史与文化的研究正在逐年深化，随着对已知历史人物的研究，不断有新的对本国历史举足轻重的人物被发现。阿巴斯·扎乌哈利是一位天文学家和数学家，他曾与阿里·霍烈兹米一起参与了著名天文学表格的制定；伊斯玛依尔·扎乌哈利编写了阿拉伯词典；扎那禾·伊本·哈康·阿尔·吉马吉为地理学的发展做出了巨大贡献；穆罕默德·哈衣达尔·杜拉吉编写了《塔利赫和拉什基》，这是一部描写中世纪哈萨克历史的权威百科全书。类似这样的杰出人物在哈萨克斯坦历史上还有很多。

对世界认知的渴望把年轻的阿里·法拉比带上了一条崭新的道路。从奥特拉尔出发的驼队之路延展到世界的各个角落，而法拉比则奔向知识与文化的海洋。他选择了巴格达、大马士革、开罗和阿勒颇这些当时著名的文化中心城市，在这些地方阿里·法拉比领悟了人类的智慧，展示出自己非凡的才华。他不同寻常的工作能力和勤勉的学习态度让后人深刻铭记：阿里·法拉比曾经把亚里士多德的《论灵魂》读了一百遍，

《修辞学》读了两百遍。

　　阿里·法拉比一直过着清心寡欲的生活，他是一个大公无私的人。他一天只需要4个迪尔亨姆（古阿拉伯银币——译者注）就能生活，尽可能不去享用牧民和军人能够享有的舒适与特权。一些研究者认为，阿里·法拉比属于苏菲派（伊斯兰教神秘主义教派——译者注），遵循一种自己为自己设置的严格戒律。甚至当他住在赛义夫·阿德·达乌拉·哈姆达尼的宫殿时，他也极度谦虚与自律，这让其他朝臣非常震惊。阿里·法拉比拒绝世俗的财富与欢愉，用毕生的精力揭示大自然的奥秘，探寻真理，追求更高的精神价值。

　　另外，还有一个重要的事实可以见证阿里·法拉比不同寻常的一生。根据著名传记作家伊本·哈利康留下的资料显示，阿里·法拉比懂得七十多种语言，也就是现代人所说的多语种专家。这样的记载虽有些夸张，但非常值得重视。显然，这七十多种语言中不仅包括外语，如阿拉伯语、波斯语、突厥语等，也包括一些方言和土话。阿里·法拉比曾用阿拉伯语撰写著作，因为这是阿拉伯哈里发王朝的官方语言和古兰经所用语言。

　　当时的世界文明主要集中在地中海流域，欧亚的划分在那个年代还比较宽泛。阿里·法拉比从自己的老师尤汉内·伊本·哈伊朗和阿布·毕世尔·马武·伊本·尤努斯那里听说了古希腊，后来他本人成为一名精通古希腊哲学的专家，其成就仅次于柏拉图与亚里士多德。很早以前，历史学家与哲学家们就把阿里·法拉比称为继亚里士多德之后的"第二导师"。

　　公元6世纪，拜占庭王朝的皇帝查士丁尼一世占领了北非、西西里、意大利和西班牙的部分地区。他逐步调整罗马政权以适应新的经济形势，并在多瑙河畔修建要塞，鼓励建筑业的发展，在康斯坦丁堡兴建圣索菲亚大教堂，这些都是他的功绩，但是他禁止希腊哲学流派的活动，认为这是多神教文化的源泉，是不安分思想和有害思想的温床。这导致研究古希腊哲学的学者们不得不开始寻求我们今天所说的"政治避难"，逃到了穆斯林的东方。得益于此，亚里士多德学说开始在这个地区传播。

应该指出，正是中世纪时期，阿拉伯穆斯林的哲学家们和阿里·法拉比继承并率先向欧洲乃至全世界传播了古希腊哲学，从而对整个人类文化产生了决定性的影响。这再一次证明，阿里·法拉比是一位世界级的哲学大师。

多元文化就是这样形成的。阿拉伯向世人展示了自己勤奋的学子，并在这里开启了盛大的翻译活动。哈利夫·阿里·玛蒙创建的著名的"智慧屋"是翻译古希腊哲学作品的主要场所，这里同样也翻译了大量天文学、医学和数学方面的著作。例如，"智慧屋"的领导人、杰出的翻译家胡纳英·伊本·伊斯哈克在医学文献翻译方面做出了巨大贡献，而他的儿子则为哲学文献的翻译做出了很大贡献。

当时的知识精神领域显现出惊人的创造力。哈利夫在"智慧屋"聚集了很多学者、诗人和翻译家，他们创办了一个高级图书馆，从全世界搜集书籍来补充馆藏。这里还经常举行学术辩论会，极大地提高了大家的演说水平，而且中世纪的统治者也从不吝啬开支。希腊哲学领域的书籍在这一时期拥有非常荣耀的地位。一个人如果没有哲学方面的知识，就不能算是受过教育的人。阿拉伯人利用古希腊哲学论证古兰经教义，反过来，宗教内容和对真理的探寻也渗透到哲学观点之中。关于神的论断是伊斯兰思想家哲学思想体系不可分割的部分，他们明确指出，神是这个世界唯一的创造者。例如，阿里·法拉比就有将神看作"必然存在"的论断。

我们这位"同乡"（阿里·法拉比——译者注）是中世纪的时代骄子。阿里·法拉比不是一位脱离生活现实、一心只读圣贤书的思想家，他看到了世人的贫穷、疾病、不幸与苦难。他熟悉茅舍的生活，也了解宫廷的繁华，深刻体会到世界的不公。他明白，他无法直接反抗普遍存在的暴力与不公，但他做了自己该做的事。他的"武器"就是言论、教育和哲学思想。他内心珍藏的理想就是让世人获得真正的幸福，于是他撰写了《理想国居民观》《国民政治》《幸福之路》《论幸福的获得》等一系列著作。

众所周知，中世纪的沙利亚（伊斯兰教教法和神学准则的总和——

译者注）准则详细规定了人的行为和生活。虽然并非每位统治者都能仁爱治国，但他们也都尽力不去破坏"规则"。

了解阿里·法拉比如何对待当权者是一件很有意思的事。

在阿里·法拉比的一生当中，阿勒颇的统治者赛义夫·阿德·达乌拉·哈姆达尼对他有过重要影响。他高度评价"第二导师"（阿里·法拉比——译者注），也非常了解他面前的这个人，这并不是因为阿里·法拉比迎合了他的统治思想，而是因为阿里·法拉比拥有温厚的性格，独到的见解和智慧。

相传，有一天阿里·法拉比受邀到皇宫，他向国王鞠了一躬并问道："陛下，我该坐到哪里呢？是按我的头衔坐呢，还是按您的呢？""按你的意愿吧"，被冒犯的国王微微一笑说道。于是阿里·法拉比走向国王的宝座，挤开国王，坐到了他的宝座上。国王哈利夫的眼中闪过一丝愤怒，但他忍住没有发作，他用暗语告诉自己的侍卫说："我要考考他的知识，如果他的回答不能让我满意，我会给你信号来惩罚他的无礼。"令人惊讶的是，阿里·法拉比竟然用这种暗语回答说："盖棺才能定论。"随后，法拉比开始与聚集在此的最优秀的学者们展开辩论。论辩最终以阿里·法拉比的胜利告终。国王的臣子们低下头，长久地沉默着，他们被阿里·法拉比渊博的知识和宽广的胸襟深深震撼，惩罚法拉比的企图最终没有得逞。这也许只是个传说，但也具有典型意义对吗？因为传说不会空穴来风。

其实，仅仅是我们的同乡阿里·法拉比能够完成从法拉布到近东和中东这漫长而危险的旅行这一项举动，就非常值得我们敬仰！当时的交通运输工具只有吱吱作响的中亚双轮马车和沙漠之舟骆驼。阿里·法拉比常常不得不在沙漠或是草滩上露宿，最好的时候也不过是睡在驼运队的客栈里。有时，阿里·法拉比不得不盖着自己的袍子，直接睡在地上。

这位苦行僧、伟大的学者和无私的人为我们的后代留下了多少巨著？据说，他一生撰写了80—130部大大小小的著作，也有资料显示是160部。但遗憾的是，其中有些著作没有保存下来，而那些保全下来的，目前都收藏在全世界最优秀的图书馆中：开罗、伊斯坦布尔、贝鲁特、海德拉巴、伦敦、柏林、巴黎和布拉迪斯拉发，在圣彼得堡和莫斯科也收藏着他的很多珍藏本。

　　阿里·法拉比的世界观是百科全书式的，涵盖神学、语言学、逻辑学、伦理学、美学、社会学、政治、音乐、数学和物理学等多个学科领域。阿里·法拉比在上述诸领域都有众多著述，如《论科学的划分》《"第二导师"法拉比关于"理智"（一词）意义的论断》《"卡塔古力亚斯"一书》《范畴论》《辩证法》《字母书》《卓越智慧的萌芽》《逻辑学用语》《亚里士多德哲学中的解析篇》《论证篇》《音乐学大全》《诗歌艺术规范论》《论诗歌（的艺术）》《托勒密〈天文学大成〉注解》《人体器官论》和《论化学的必要性》等。

　　阿里·法拉比最后的时光是在阿勒颇和大马士革度过的，在那里他撰写了《国务活动家的名言警句》一书。在这本书中他强调说，人有权离开为科学发展设置各种障碍的国家，而选择那些科学繁荣的地方生活。

　　阿里·法拉比卒于公元 950 年，享年 80 岁。

因为有理性，人才能称之为人……

——　阿里·法拉比

第二节　认识论

人在对待客观世界的多样系统时，人的认识活动占有重要地位，这种认识活动表现在人对周围世界及其发展规律、对自身及社会知识的获取之中。认识的成果，首先取决于人在认识过程中的积极作为。

哲学中关于认识的学说即认识论，主要回答下列问题：我们能否认识世界？认识的基本形式有哪些？从无知到有知有哪些规律可循？认识的主体和客体是什么？认识过程会产生怎样的结果？什么是真理，真理的标准又是什么？

认识最初是一种幼稚的，有时甚至是一种极其原始的形式，也就是说，作为日常的认识存在，认识的功能至今具有重要意义。

大部分人在认识周围世界和自身时，习惯于接受大家都认为正确的思想，容易流于事物的表面，而不去深入事物的实质。这样的人几乎没有独到的见解和行为，总是人云亦云。要培养独到的生活观念，探索真正的价值与理想，就需要步入理性认识的轨道。理性思维是一种有理据的、严谨的、经得起论证的、不以个人意志为转移的思维方式。只有理性思维才能让人真正认真地认识周围世界，思考自己的生活，并最终获得真正的幸福。这一思想是贯穿于阿里·法拉比整个思想体系的主线。

过去很多哲学家对认识问题都进行过深入研究，因此，认识问题排在第一位并成为阿里·法拉比哲学中的决定性问题，这并非偶然。

关于认识问题，阿里·法拉比在《柏拉图哲学及有关问题：这些问题的排列分布》《亚里士多德哲学》《论伟大的柏拉图与亚里士多德两位哲学家观点的一致性》《理想国居民观》和《"第二导师"法拉比关于"理智"（一词）的意义的论断》等诸多著作中做了详细论述。在《柏拉图哲学》一书中，阿里·法拉比在分析柏拉图哲学的同时，阐述了自己的幸福观。

什么能使人幸福？根据阿里·法拉比的观点，人要获得幸福，首先要拥有关于真正幸福的知识，并能够根据这些知识来指导自己的行动，而知识的获得则取决于对宗教、科学、哲学和艺术的认识。同时，一个人如果没有高尚的品德，那么不论他拥有多少知识，也不可能真正幸福。阿里·法拉比的这一思想决定了本书的结构。

本书最后基于"阿里·法拉比大学智慧城（AL-Farabi University Smart City）"项目探讨了理想国的实现问题。

幸福只有在认识的道路上才能实现，这是阿里·法拉比哲学的第一条公理，因此，对阿里·法拉比思想的阐释应该首先从认识论开始。

阿里·法拉比将人的认识能力称为"灵魂的力量"。他把人的这种能力的形成分为以下几个步骤："随着人的诞生，在人身上首先会表现出一种力量，人借助这种力量来维持生命，这就是生命给养力；此后，在人身上会表现出第二种力量，人借助这种力量对周围世界进行感知，比如，感受冷暖，品尝味道，辨别气味、声音和颜色，以及诸如光线在内的一切可视对象，同时，随着感觉的出现，人身上会表现出认识能力，这种能力促使人接受或拒绝自己所感知的内容；接下来，人身上还会表现出第三种力量，借助这种力量，人将通过认识得到的内容储存起来，这些内容即使从观察视野中消失，人依然能将这种认识得到的内容保留在记忆中，这就是想象力；在人身上表现出的最后一种力量将上述三种力量相互关联起来，或是进行不同的组合与拆分，最终在人身上形成思维力，借助这种力量人能够理解、领悟各种事物、现象，区分美丑，发现艺术与科学。"

据此，按照阿里·法拉比的学说，人在出生时首先会拥有"生命力"并以此维持生命，然后依次出现触觉和其他感觉类型，再次出现情感、想象力和记忆力，最终形成思维力，即理性。

需要指出的是，亚里士多德也划分了所谓灵魂的四种认识能力。根据他的观点，灵魂是基础，是生命和发展的起源，是非物质的。灵魂具有以下功能：1. 滋养功能；2. 感觉功能；3. 传动功能；4. 理性功能。亚里士多德将灵魂的滋养功能（营养功能）看作是植物的特有功能；认为感觉功能和传动功能（感觉运动功能）是动物的功能，而理性功能则是属于人的功能。灵魂的功能就像遗传序列的层级，高级功能以低级功能为前提，在低级功能的基础上产生高级功能。因此，灵魂的功能按照进化过程排列。人的灵魂依次重复有机界及其不同发展阶段的发展过程：植物性发展、动物性发展和理性发展。

低级灵魂即植物灵魂负责所有生命体的给养、成长与繁殖等共有功能，并在此基础上给动物灵魂附加感觉功能和欲望功能，即追求愉悦、规避不快的能力。亚里士多德将动、植物功能都归为低级功能，因为它们和肉体一样，最终会走向消亡。理性灵魂是人独有的。理性灵魂使人不仅具有动植物的能力，还具有推理和思辨能力。亚里士多德指出，人的身上只有理性是不灭的：在人的肉体死亡之后，人的理性会汇入普世理性之中。

据此，阿里·法拉比区分出五种人的"灵魂力"，用现代话来说，就是五种认识能力。我们将此更准确地界定为：1. 滋养力；2. 感觉或感受力；3. 想象力；4. 追求或唤醒力；5. 思维或理性力。

在对此进行划分时，阿里·法拉比进一步论证指出，人不会天生就具备理性能力，人的认识能力是逐渐依次形成的。根据阿里·法拉比的这一观点，人发展的顶点是理性，即灵魂具备思维力。

阿里·法拉比对每一种"灵魂力"的特点做了详细阐释：

滋养力分为主导滋养力和附属滋养力。主导滋养力存在于口腔中，附属滋养力存在于其他人体器官中。

感觉或感受力包含触觉、嗅觉、感受、听觉和视觉，它们分工协作，共同为感觉力提供周围世界的信息。

想象力不仅能反映出目前存在的物体，还能反映出目前不存在的物体。有趣的是，阿里·法拉比将梦境归入想象力，把梦境看作睡眠状态下人对现实不同形式的复现。需要指出的是，中世纪穆斯林社会是解梦者盛行的时代，阿里·法拉比能对梦境做出这样科学的论断是非常伟大的。

追求或唤醒力控制着上述诸力。正是有了这种力，人的言语和行为才变得有情感。正是因为有了这种情感力，人才有了喜爱与憎恨，勇敢与胆怯，愤怒与喜悦，友好与敌对等情感状态。

思维或理性力主导并管理上述诸力。有了理性力，人才得以认识周围世界，获得抽象思维能力和综合分析能力，学会区别美丑、好坏与损益，从而掌握科学与艺术。

在将人与动物的感觉器官进行对比后，阿里·法拉比指出，人与动物的触觉、味觉、嗅觉和听觉的发达程度不同。例如，动物的嗅觉更敏锐，蚂蚁和松鼠借助气味能够找到麦种，狼借助气味能够发现自己的猎物，但与动物相比，人的感觉更具创造力，能更细腻地反映周围世界的特点。

阿里·法拉比强调，不知为什么，人的感觉器官在运转中会出现混乱，从而丢失可靠的信息。"例如，病人的味觉受损到一定程度，会将苦味误认为甜味。听觉方面也有类似情况：如果一个人从出生时听力就已受损，那么他可能会在根本没有声音的地方听到和声……"，也就是说，人不应该完全相信自己的感觉。从感觉中获取的知识，取决于"身体是否健康，感觉是否准确"。身体不健康就会反映在人的"灵魂力"的状态中。

阿里·法拉比把感性认识和理性认识进行了比较并指出，如果感性认识具有外部的、可变的特点和现象特征（偶然性），那么理性认识则是固定的、本质的特征（实体）。如果感性认识受外部刺激和作用而出现，感性认识的发生要求存在具体的认知对象且该对象在此刻处于一定的状态，那么理性认识不需要对感觉器官进行外部物理刺激，也不要求在此刻存在具体的认知对象。与感觉不同，理性认识现实时，会从感觉到的认识对象的外部特点中探寻并抽象出更具普遍意义与实质的东西。此外，与感觉不同的是，理性还具有理解的特点。

为了分析"思维力"或理性，阿里·法拉比撰写了一部《"第二导师"法拉比关于"理智"（一词）意义的论断》。在这本书中，阿里·法拉比揭示了理智的六种不同含义。这本书原版的名称是《Макала фима' анил' - акл》。阿拉伯语的"ма' на"意思是"意思，意义"，"акл"可译为理性、智慧。

阿里·法拉比专门分析了理智的六种含义，并在此基础上拓宽了自己对人类理性逻辑概念的理解。

阿里·法拉比认为，"理智"概念的第一种含义是"通俗地描述一个人通情达理时所使用的概念"。

理智概念的第二种含义是"穆台凯里姆派（7—8世纪的伊斯兰教派——译者注）时常争论的概念"。

理智的第三种含义在亚里士多德的《论证篇》中得以阐释。

理智的第四种含义在亚里士多德的《伦理学》中有所注解。

理智的第五种含义在亚里士多德的《论灵魂》中有所论及。

理智的第六种含义在亚里士多德的《形而上学》中有所注解。

理智的第一种含义，即在俗语中用理智表示一个人非常通情达理，阿里·法拉比将这一概念理解为理智行为。根据普世观念，人们把行为和意图都符合正面伦理的人称为通情达理的人。阿里·法拉比将善良与真理的有机结合称之为理智行为，这样的解读在亚里士多德的《尼可玛可斯伦理学》中可以看到。

亚里士多德认为，善良品德是指人对人与物通情达理的态度，以及批判地对待意图与动机的能力。阿里·法拉比也有类似论断，他将"拥有区分什么该做、什么不该做的绝对能力的人"称为理性的人。

阿里·法拉比进一步论证说，"人们不会对作恶的人使用什么好词，而是赋予其'奸诈'、'狡猾'之类的名称"。尽管阿里·法拉比也承认，奸诈和狡猾也需要智慧。

关于理智的第二种含义，阿里·法拉比认为是穆台凯里姆派常常争论的话题。穆台凯里姆派是穆斯林神学凯拉姆（伊斯兰教教义学——译者注）的追随者。阿里·法拉比指责他们的言行自相矛盾。在言语上，他们捍卫人在经验中所获理性的独立性，但实际上他们却使用"公认前提"，即宗教的教条。

理智的第三种含义在亚里士多德的《论证篇》（这里指的是亚里士多德的《分析后篇》）中提到过。在这部著作中，理性被理解为"灵魂的一种能力，正是依靠这种能力人才能获得可靠的知识……不是通过类比或思考的途径，而是来源于天生的机智，完全是一种与生俱来的、从小就有的、不知从哪儿来也不知怎么来的能力。这种能力是灵魂的某个部分，能够不用思维和判断就能获得第一位的知识"。我们认为，这里主要强调了理性是人天生的一种能力。

关于理智的第四种含义，阿里·法拉比将其与亚里士多德《伦理学》中提到的概念相联系。他认为，理性能力会随着人的成长而成长。智者的判断会不断得到巩固，不断增加新的判断。"聪明的人会尽量在这方面相互超越，完成了理性判断的那些人会逐渐成为一定领域的权威。'权威'这个概念是指这样一种人，如果这个人提出了什么，那么他的意见就会毫无争议地被他人所接受，无须再修改，即使他的意见根本无从验证，也会被大家所接受。一个人要获得这样的特质，就只有等到他老了的时候，因为这部分灵魂需要很长时间的经验积累。"

接下来，阿里·法拉比在完全赞同亚里士多德思想的同时，将理智分为四种类型：1. 潜在理智；2. 现实理智；3. 后天获得的理智；4. 活动理智。

阿里·法拉比认为，"潜在理智是一种能够将存在的现象（形式）的本质从物质中抽象出来的灵魂能力"。这一含义符合亚里士多德的"可能理智"或是被动理性，一方面指某种灵魂对认识活动的准备性，另一方面指要认识的现象本身可被认识及可被理智所理解的可能性。

　　为了让潜在理智从可能变成现实，也就是变成现实的思维理智，阿里·法拉比认为，这还需要活动理智。

　　根据阿里·法拉比的观点，现实理智符合亚里士多德的"思维之思维"概念。和亚里士多德一样，阿里·法拉比认为，针对理性来说，存在是形式与物质的结合。形式是现象的本质，是关于现象的概念或是那些在现象概念中形成的定义。"如果我们离开概念，那么整个现象的内容就只剩下不论从哪个意义上都不能成为理性的现象。现实理智是一种能够理解形式的纯形式。"

　　"当现实理智理解了理智可理解的理智（概念）现象，而且只有这些现象是现实理智的形式时，它们才会现实地被理智理解，那么，我们在此之前认为现实的理智就会变成后天获得的理智。"认识主体认识了客观概念的意义和内容，并将这些意义和内容化作自己的知识，这就是后天获得的理智。

　　活动理智包括"第一推动力"、客观事物的规律性和全人类理性的特点。换句话说，活动理智是神的理性的代表。

　　在当代，"活动理智"这个术语与"智力圈"概念意义相近。智力圈是指智慧的范围。智力圈学说是由维尔纳茨基这位 20 世纪杰出的自然科学家提出的。他科学地论证了阿里·法拉比关于"人的理性活动是自然与社会发展的决定性因素"这一猜想。根据维尔纳茨基的观点，"生物圈中存在着伟大的地质或宇宙力量，其星体活动往往在宇宙概念中被忽视……这种力量就是人的理性，人把理性当作社会的本质来追求和组织"。

　　阿里·法拉比的理智类型说针对亚里士多德的《论灵魂》中的观点进行阐释。潜在理智变成现实理智的原理是活动理智，活动理智对人之重要，犹如人用自己的眼睛看世界。在黑暗中，人的眼睛无法清晰地辨别物体，但这并不意味着人是瞎的，因为眼睛里有一种潜在的视觉能力。只有物体被照亮，眼睛才能看见，才能清晰地辨别物体的颜色、形状和轮廓，物体才能成为现实的可视之物。

　　在理智类型说的论述中，阿里·法拉比的思想逐渐接近了现代哲学关于存在与思维一致性的思想：实物世界在认识过程中的内容也是思维的内容。人的理性作为一种积极的本源，将实物世界的内容从潜在的状态转化为现实状态，也就是阿里·法拉比所说的"将它引向生活"，引入思想与概念的范畴。

"理性"这一概念被阿里·法拉比广泛使用于研究宇宙世界图景。他将整个宇宙分为两个世界：月下世界和月上世界。阿里·法拉比认为，宇宙生命活动的原因是"第一存在"，即存在等级中最高层面的神，神是周围世界真正本质的"源流"。由第一存在衍生出"十个第二存在"或称为十个拥有灵魂的天体，灵魂促使这十个第二存在转动。

柏罗金（柏拉图的追随者，新柏拉图主义者——译者注）认为，所有存在的都是神创造的，是神的"辐射"，这一观点在阿里·法拉比的宇宙学说中也占有一席之位。辐射理论符合中世纪划分天地的宗教传统。

存在等级中占第二位的是天体："灵魂的运动是由天体的理性引发的，是天体将自己的力量从'第一存在'中挖掘出来的。"

存在的第三等级是活动理智。

存在的第四等级是人的灵魂。

存在的第五等级，也就是最低等级，是现象和物质。

我们从现代宇宙起源论的视角来评价阿里·法拉比的宇宙观。

宇宙形成的假设与理论，从微原子到银河系理论的确有很多个，但其中的一个基础理论是"大爆炸理论"。

根据这一理论，宇宙是由大爆炸产生的。在爆炸前，我们的宇宙是一个又小又厚、通体滚烫、温度能达到几十亿摄氏度的大火球。

在宇宙科学中，爆炸期被称为宇宙奇异性。爆炸的时候，物质微粒子飞速四散，四散了的滚烫的微粒子温度很高，无法凝结成原子。原子的形成要更晚一些，大约在一百万年后，直至新形成的宇宙冷却到4000摄氏度的时候才出现。

首先形成的化学成分是氢和氦，随后才出现一些更重的化学成分。化学成分和原子的形成过程至今都在持续，并且在每个星体内部发生，包括太阳。

得益于小物体贴向更大物体的运动过程，行星、恒星和银河系得以形成。根据理论统计，宇宙的形成始于 135 亿年前。在那个时候，物质从一种状态向另一种状态转变是相变。宇宙的扩大发生在现在，甚至有现代学者认为，最近的银河系在不断扩大，并正在离我们远去。

正如我们所见，阿里·法拉比早在 10 世纪就先于现代物理学理论，在自己的宇宙学说中写到，宇宙是分阶段形成的。

对知识的需求是人类一个不可或缺的特点。整个人类历史可以看作是一个知识扩展、精确和加速发展的过程，从石器加工，采集火种，直到今天能够利用互联网收发信息。社会的现代发展阶段通常被看作是从工业社会（以商品生产为基础）向后工业社会或信息社会（以知识生产和分类为基础）的转变。在信息社会，知识的价值和获取知识的能力不断在提高：世界上每天都会出现成千上万的新书和网页，数字信息的比重也已经以兆计了。在这种情况下，阿里·法拉比的认识论，还像一千年前那样，有着重要的甚至更加重要的意义。当我们重新研究他的认识论时，我们再次被人无限的认识才能所折服，人的智力还有许多许多需要被认识的地方。

逻辑艺术……赋予我们正确思维的知识和正确思维的能力。正如语法艺术可以修正语言、完善话语一样……，逻辑艺术可以修正人的大脑，使人正确思考。

—— 阿里·法拉比

第三节　逻辑学

人类经历了漫长的发展旅程，从原始社会逐步演化到现代高科技信息社会。但是这样一个漫长的过程并未改变人认识事物的基本属性，没有影响人认识周围世界的本能追求。人在认知的过程中，如果缺乏将真理从谬误中区分出来的能力，那么这样的认知就是失败的。真理总是一个具有多重含义的现象，真理一方面慷慨地给人馈赠，另一方面也会给人带来不幸和悲哀。这一切都取决于人本身，取决于人的修养、意志和精神。但每个人都应该明白，只有真理才能促进人的发展，包括精神领域的发展和学术层面的发展。

科学沿着创建真理的道路前行时并不总是一帆风顺的，在发展中总会遇到曲折。意识到这一点后，阿里·法拉比开始在那个时代认真研究逻辑学。他是亚里士多德逻辑学和斯多葛派哲学最忠诚的追随者。阿里·法拉比对亚里士多德的逻辑学代表作《工具论》做出了经典解读。

根据研究法拉比学者们的研究成果，现留存的阿里·法拉比逻辑学论述共有 40 余部。这其中包括《论证篇》《字母书》《逻辑学导论》《"艾伊萨高格"或"绪论"》《"卡塔古力依爱思"或"范畴"论》《三段论》《修辞学》《诗歌艺术规范论》和《论诗歌的艺术》等。

阿里·法拉比依次详尽地分析了亚里士多德的下列逻辑学著作:《范畴篇》《阐释篇》《第一解析篇》《第二解析篇》《修辞部目》《诡辩术》《修辞学》和《诗学》。

阿里·法拉比特别关注亚里士多德的《第二解析篇》,因为在这部著述中,亚里士多德分析并检验了令人信服的判断的规则——"逻辑学的第一要务就是论证"。

斯多葛主义是古希腊的哲学派别,曾存在过几个世纪。该派的奠基人为芝诺,其经典命题是"飞箭"和"阿黑列斯与龟"。

斯多葛派将语法学这门语言科学纳入逻辑学。根据他们的观点,逻辑学不仅要研究概念、判断和逻辑推理,也要研究思想的语言表达,即语法学。

在斯多葛派的影响下,阿里·法拉比的整个逻辑学思想都非常重视逻辑学与语法学的关系,"想要准确说出每一个词,首先要深入理解句法的实质"。

与斯多葛派一样,阿里·法拉比认为,人应该为自己的错误和过失承担责任,因为这是不懂逻辑学而造成的恶果。

在阿里·法拉比的科学体系划分中,逻辑学占第二位,其定义是:"逻辑学主要研究促进智力完善的规则。人在理解智力对象时,被纳入真理轨道的一系列规则中……逻辑学规则是检验对思维对象理解程度的工具,在理解真理的过程中难免会有错误和疏漏,这些规则能够提供尺度,并作为一种工具来检验可能出现的错误与不足。"因此,逻辑学的目的就是研究和设立思想构建的规则,遵守这些规则,人就可以避免认识中的错误。

一 为什么阿里·法拉比将逻辑学称作艺术

根据古希腊哲学传统,阿里·法拉比将所有科学划分为理论型科学和实践型科学。他将理论知识称为科学,将实践知识称为艺术或工艺。阿里·法拉比将逻辑学称为艺术,是因为他将逻辑学归入实践型知识。

在日常生活中，人拥有健康的思想，但自然形成的健康思想难免犯错。在阿里·法拉比看来，逻辑学之所以存在，就是为了修正人的思维，并将其提升到理性思维和智力的高度。

研究阿里·法拉比的逻辑学思想，会涉及多方面的问题，本书中我们只关注其中我们认为最重要的部分：关于概念、判断和逻辑三段论的学说。

在阿里·法拉比的论述中，难以找到一个对概念的统一解释。关于这个问题的详细阐释，阿里·法拉比在《逻辑学导论》《范畴篇》和《绪论》中均有详尽论述。我们在本书中主要采用阿里·法拉比上述著作中的观点。

阿里·法拉比认为，概念反映"存在的本质"，反映个别现象的普遍特征和特有特征，而忽略其偶然特征和非本质特征，也就是说，概念有着客观的且严格界定的内容。

在《逻辑学导论》一书中，阿里·法拉比指出，概念有繁有简，"简单概念可以用单个词汇表达，比如，'人''动物''思考者''白色衣服''黑色衣服'等。复杂概念一般用语言的组合手段表达，比如'有思维的动物''一个穿白衣服的人'等"。

阿里·法拉比认为，概念具有通用的特点，能够给出"感官对象的知识"，称作"范畴"。

依据亚里士多德的思想，阿拉·法拉比区分出逻辑的十个范畴：实体（或实质）、数量、性质、关系、时间、空间、位置、状态（拥有）、行为和施受。例如，人、马和石头都是实体；数字5是数量；健康是性质；父与子是身份关系；昨天是时间；住所是空间；躺着是位置；穿着、武装是状态；修建是行为；被建是施受。

阿里·法拉比认为，语法中的词类属于逻辑范畴。名词属于实体范畴，数词属于数量范畴，形容词的比较等级属于关系范畴，副词属于时空范畴。由此可见，在阿里·法拉比的学说体系中，语法学与逻辑学紧密相连。阿里·法拉比关于语法学与逻辑学相互关系的论述，至今仍有重要的现实意义。

阿里·法拉比逻辑学思想中的一个重要问题是概念的定义问题。

我们来对比一下有关"墙"的两种叙述：（1）"墙是指一种由石头、砖头或黏土制作的、用来支撑顶棚的垂直物体"，这种叙述是定义。（2）"墙是被抹上灰泥且上面安着门、带支架和杆，坐着的人可以依靠的东西"，这种叙述是描写。

第一种叙述是墙的定义，因为它指出了墙的实质，"墙的实质不在于上面有没有门和支架之类的东西"。第二种叙述是描写，因为它不包含墙的本质特征。因此，只有在叙述了存在的本质时，这样的叙述才能称之为定义。

阿里·法拉比认为，"定义表示客观事物存在的思想和本质并详尽揭示其存在本质"。要给一个客观事物下定义，就需要使用分析和综合的方法。例如，人可以被界定为一种有理性的动物。"人"这一概念在这个定义中分为属特征（动物）和种特征（理性）两个方面。在给人下定义时，不仅可以使用分析的方法，同时也可以使用综合的手段，将属特征和种特征结合起来。

接下来，阿里·法拉比详细划分了有关范畴和性质的判断种类：肯定判断和否定判断；个别判断、局部判断和普遍判断；条件判断、区分判断、归纳判断和定言判断。

在肯定判断中可以确定属于某物、某种性质的固有特征。相反，在否定判断中，可以否定属于某物、某种性质的固有特征。

根据话语属于个别客体还是众多客体的特征问题，阿里·法拉比区分出个别判断、局部判断和普遍判断。

在个别判断中，话语只属于一个客体。比如，"赛德是动物""赛德穿白色衣服"是类属判断。

局部判断肯定或否定一类物体的一部分。局部判断中会使用一些标记或词汇，诸如"一些""并非所有"等。例如，"一些人没有穿白色衣服"。

普遍判断是对该类物体的总体判断。普遍判断常会使用诸如"每一个""所有的""不止一个"等词汇。例如，"所有的天鹅都是白色的""并不是所有人都穿白色衣服"。

阿里·法拉比认为，每一种判断都能用绝对或相对的形式表达。绝对判断的区别性特征是其绝对性。例如，"太阳升起来了""这一天来临了"。

条件判断是指存在这样或那样的条件，这些条件决定着判断的真伪。例如，"当太阳升起后，会变得暖和一些"。

阿里·法拉比认为，假言判断"由两种添加了条件语气词的定言判断构成"。属于这类判断的有，"如果看见的对象是人，那么他是动物"。在这个判断中，前提是"看见的对象是人"，结论是"他是动物"。

亚里士多德把逻辑三段论看作自己在逻辑学方面最主要的贡献。他率先将"三段论"一词引入哲学用语，该词译自希腊语，意思是清点、总结。阿里·法拉比使用了阿拉伯语词"季亚思"，即"三段论"，从此以后该词成为阿拉伯语学术界的逻辑术语，用来专门表示这一概念。阿里·法拉比将三段论界定为由两个或几个前提组成的结论，这些前提均为真命题且相互联系，根据逻辑必然得出真结论。

在《逻辑学导论》中，阿里·法拉比将所有存在的艺术划分为三段论艺术和非三段论艺术两大类。三段论艺术包括哲学、辩证法、诡辩术、雄辩术（演说术——译者注）和诗学，非三段论艺术包括医学、农业和手工业。

阿里·法拉比指出，三段论艺术"在各部分整合和完善之后，使用三段论发挥自己的作用"。而非三段论艺术"在各部分整合和完善之后，以完成某项特殊工作和行为为目的并发挥作用"。

因此，人的实践型活动，比如医生、农民和手工业者的活动，都属于非三段论艺术，因为他们的活动与完成行为有关，不要求使用三段论。三段论艺术的代表者，诸如哲学家、诗人、演说家等，常会使用三段论完成其行为。

三段论艺术同时也是判断的方法。这些方法有：（1）必然知识判断法；（2）辩证法判断法；（3）诡辩术判断法；（4）雄辩术判断法；（5）诗学判断法。

根据阿里·法拉比的论述，三段论判断法的最低层面是诗学。这一方法只适用于人们交谈时的诗学推理中，因为大部分情况下人们会使用类推法，所以可以更确切地说，诗学判断就是类推。根据类推法，判断就是通过事物的某些相似性由第一部分的真理类推出第二部分真理的判断。类推式的判断将人引向猜测，通过这种判断会得出想象的知识，但阿里·法拉比认为，这其中在一定程度上也会包含新知识。

所谓雄辩术（演说术——译者注），按照阿里·法拉比的观点，就是说服别人的方法。雄辩术三段论的方法有省略推理法、归纳法和例证法。省略推理法是一种简化了的三段论，也就是说，在这个三段论中，要么缺少大前提，要么缺少小前提，要么缺少结论。当没人反驳时，省略推理法就从说服的层面转向了真实意义的层面。

阿里·法拉比将诡辩术界定为借助各种策略进行争论的方法，旨在扰乱对手思维，从而战胜对手。诡辩术提供错误知识。但阿里·法拉比认为，这也是一种认识过程，因为辩论者为了驳倒对方，必须分析对方的思想。

在阿里·法拉比的三段论艺术中，排列在诡辩术之后的是辩证法。他认为辩证法是一种科学研究的方法。尽管辩证法的推论方法提供的是推测出来的知识，但是，可以将其看作是促进真知出现和准备的手段。

三段论艺术的顶端是必然知识。阿里·法拉比将此称作关于真知的科学或真知。必然三段论作为证明三段论，被看作是绝对真实的，通常用于精准科学中。阿里·法拉比认为，真理是被证明了的知识。因此，除了必然知识，其他所有三段论艺术都服务于知识的获得，只有必然知识会推动现实运动向被证明了的知识方向前进。

在《论证篇》中，阿里·法拉比在必然知识中明确了"表象"和"赞同"的作用。"表象"借助定义和描写以概念的形式存在，而"赞同"采用归纳和类推的方法，以三段论的形式存在。不论何种情况下出现的新知，都能通过未知成为已知。

阿里·法拉比将真知定义为完全赞同，分为必然的和非必然的。必然真知不能变换。例如，绝对正确的"整体大于部分"。非必然真知

"由于事物、现象本身存在的可变性"而善于变换。例如，绝对正确的"你坐着，我站着"。

根据阿里·法拉比的观点，真知有三种变体：（1）关于客观事物存在的知识，即存在；（2）关于客观事物存在原因的知识；（3）关于客观事物存在及其存在原因的知识。

以上真知都可以通过三段论来验证。三段论由前提组成，这些前提会指向以上三种真知变体中的其中一种，通过这三种真知变体，前提的必要真实性得以确认，这样的三段论就是论证。

阿里·法拉比将存在的原因归为四类：（1）客观事物的物质；（2）客观事物的定义；（3）现行的开端；（4）目的。任何一个现象都可以借助这四个原因来界定，但条件是，这些原因要符合这一现象的本质。

由此看出，阿里·法拉比是这样界定论证的："论证本质上是三段论，并非偶然说出客观物质存在及其存在的原因。所有论证都是认知的手段，但并非每一种论证都能提供存在原因的知识。"

这一定义说明论证存在几种变体。第一种是存在论证，即论证客观事物是存在的，第二种论证这种客观事物存在的原因，第三种将上述两方面合起来进行论证。

此外，阿里·法拉比还分析了论证科学的构成成分：客观事物的存在，客观事物存在的原因，客观事物的物质性，客观事物的定义，该定义的组成部分，现行开端和目的。他从现实与可能、共性与个性、必然与偶然的角度对这些构成成分进行了深入研究。

阿里·法拉比特别重视定义，他将定义看作某种论证的手段，论证在哪些情况下不适合的论证。他将定义界定为"解释事物名称的话语"，即标记客观事物存在本质的话语。

二　阿里·法拉比认为，定义的方式有多种

定义无法通过论证获得，因为用谓项下定义或揭示主体内容不要求论证；

定义无法用分裂的方法获得，因为各部分太分散无法汇集出某种

定义；

定义无法借助归纳法获得，因为归纳法无法给出普遍含义；

定义无法从界定的对立性定义中获得，因为并不是所有定义都有对立性；

定义在解释对象的名称含义或本质定义时通过类推获得，是论证的结论或某种由论证的开头和结论组成的东西；

定义和论证的共性出现在两个论证前提都是定义的情况下。

根据阿里·法拉比的思想，不论是定义，还是论证的三段论，都是获得新知的手段。两者都可能是真命题，也可能是假命题。实质上，定义也好，三段论也好，都是由被理解了的思想组成的。但他们之间也存在区别：三段论借助思维走向新知，而定义借助表象走向新知。

阿里·法拉比认为，所有人类的知识，要么是结论性的，要么是非结论性的。

非结论性知识是指公理、公设、公认的观点和感官数据。这类知识具有显而易见的真理性，不需要论证。

结论性知识或获得性知识只有通过结论才能获得。因此，阿里·法拉比认为，逻辑学的主要任务就是教人做出正确的结论。

在《逻辑学导论》中，阿里·法拉比揭示了知识的来源：（1）直觉知识（没有经过论证的知识），即认识客观事物时，没有举出论据，没有进行缜密思考，没有经过推理和推断；（2）唯理论知识（经过论证的知识），即认识客观事物时，经过深思熟虑，采用推理和推断的方法。

直觉知识并非通过三段论获得，而是依赖于下列情况：（1）大部分人的意见或智者的见解；（2）众所周知且广为传播的观点，如"孝敬父母是义务"；（3）感官知识，即通过五官中的某一感觉器官获得；（4）最初被理解的本质：这是客观事物本身固有的，这些客观事物"本质上就是正确的见解和知识，别无他解"。阿里·法拉比认为这类知识具有公理的性质，例如"数字3是奇数"。

下面，我们来总结一下阿里·法拉比的逻辑学思想。阿里·法拉比将逻辑学定义为研究正确思维的规则与形式，以及一些判断与另一些判断的排列顺序的科学。他认为，只有很好地掌握这门科学，才能获得真理。

阿里·法拉比通过大量例证指出，掌握逻辑学的规则与规律，对人的理论与实践活动都大有裨益，但如果不知道这些规则与规律，则贻害无穷。阿里·法拉比与逻辑学的反对派们展开了论辩，反对者们认为逻辑学是"无用的垃圾"。事实证明，不懂逻辑学会使人变得很主观，无法对现象、事件和人做出客观评价。

阿里·法拉比将逻辑分析作为一种科学方法引入阿拉伯哲学，揭示了概念、判断和三段论这些基本逻辑形式的本质。

认识过程中的三段论结构在阿里·法拉比看来，是获得某种新知的工具，新知沿着从简到繁、从局部到整体、从本质到现象的轨迹发展。显然，五种三段论艺术或认识艺术尽管互不相同，却在内部整合了每种艺术产生的、具有自我完善潜力的知识。

阿里·法拉比的逻辑学思想让我们认识到，人的知识越多，实力就越强。但如果不借助专门的逻辑学方法，就不可能获得真理性的知识。有一种普遍观点认为，即使不使用逻辑学规则，甚至不懂逻辑学规律，人们仍然可以利用生活经验和健康思想实现正确思维，但事实并非如此。例如，用人们常说的"自己的头脑"也能解决数学问题，但解决类似的其他问题就没有那么容易了，因为这些问题可能是基于解题者不知道的规则而构建的。或者，解题者很容易出错，而这个错误会导致进一步做出错误的结论。

事物发展的规律是这样，思维的情况也是这样。只有学习逻辑学并时常进行逻辑能力训练，人才能正确而清晰地思维，避免犯错。错误，哪怕是很小的一个错误，都会导致一个人甚至全人类付出惨重的代价。

因此，阿里·法拉比的逻辑学思想，作为一种正确思维构建新假设和论证必要性的思想，对现代人依然大有裨益。

世界上存在的万事万物的存在顺序都应位列神明之后。

神是第一存在，除了神之外，

每一个事物都具有其存在的合理性。

——阿里·法拉比

第四节　存在论

存在是哲学的中心范畴，那么，什么是存在呢？

哲学中至少有三种关于存在的定义。

第一种关于"存在"的定义：存在即存在，也就是说，存在是指客观存在着的一切事物。存在意味着存在于这个词的事物感知意义之中。存在在这里等同于已有的，即一切我们身边的事物、过程、属性、联系和关系。对这种存在的证明是经验式的，而且往往会得出一种直接感知。

第二种关于"存在"的定义：存在是一种实体。这个定义已经可以看作哲学的定义。这里所指的是处于（隐藏在）事物背后的、我们能够感知的东西。这种存在可以看成基本存在或实体存在。换句话说，我们可以在这个层面上通过深入研究来弄清存在与现实的本质，弄清存在的实质。

第三种关于"存在"的定义：存在是绝对的。这一论点是指事物的存在既是可能的也是现实的。这样理解的存在是一种高级存在，是最高级的、最初始的事物，这决定了现实存在事物的所有具体类型。这种存在是永恒的（不会在时光中消散）和自给自足的（不依附于他物，不归结为他物，也不会因为他物而消失）。一般习惯于将这种存在看作真正的、真实的现实。存在问题在阿里·法拉比哲学思想中占有中心位置。阿里·法拉比几乎在所有著述中都对存在有所论述，其思想主线是：人在探讨存在的构建问题时，人也在试图获得自己生活的意义。根据阿里·法拉比的观点，日常的、表面的和外层的存在不是生活的价值。人类存在的目的应该是参与真正的存在，用真理的（精神的、永恒的）意义来填充生活。

如果简要介绍阿里·法拉比的存在说，那么它会是这样的：宇宙具有层级结构，在宇宙中，一切物质毫无例外地处于不同的完善层级中。神是最高级的存在，因为神是最完美的。物质离神越近就越完美，完善的不同程度也标志着与神的远近程度。

阿里·法拉比的哲学思想从一开始就受到中世纪论辩精神和对《古兰经》的积极讨论的影响。中世纪伊斯兰哲学的所有分支都追求对神与神的意图的解读，以及对人的生存意义与本质的理解。

《古兰经》认为，真主是唯一的神，也是存在的原因；世界是神造的；人也是神造的，但人与其他神造的物质相比，具有特殊的生存意义。这些思想贯穿于整个《古兰经》当中，在麦地那时期和麦加时期都极具代表性。这些思想以多种形式分布在所有宗教著作中："他，真主，是唯一的，真主是永恒的；真主不生人也不为人所生，无人能及"，"他，真主，是创造者，缔造者，奠基者。他拥有最美好的名称……"，等等。

阿里·法拉比时期的论辩话题包括神的统一性与神的固有属性，神的定数与人的自由意志，以及国家的政权与管理问题等。

在智力层面，中世纪的思想历史地分为几种对神的认知的观点。第一种观点认为，对神的认知是结论性的，要论证这种结论需要掌握逻辑科学；第二种观点认为对神的认知是现成的，因此这种认知不要求用某种理论解释；第三种观点认为，能够获得关于神的可靠知识，是直接的、个人理解经验的结果。

阿里·法拉比把神称作现实存在、"必要存在""第一存在""始因"。"不可能有比神的存在更完美、更名副其实的存在"，阿里·法拉比由此推断，"同样，也不可能有先于神的存在或与神并行的存在，以及不依附于神的存在"。

根据阿里·法拉比的思想，神是宇宙和人的缔造者。神不可分割，是个统一体，拥有完美的品质，是一种绝对存在和绝对智慧。他知识渊博，同时又是知识本身，他英明智慧，完美无缺，自给自足。

就这样，阿里·法拉比奠定了伊斯兰宗教哲学中神的存在的哲学逻辑论证基础。这些思想随后经过伊本·西那的发展，在伊斯兰思想家们的影响下，被吸纳为中世纪基督教的思想。著名的托马斯·阿奎那关于神的存在的五个证明就是以这些伊斯兰先行者的观点为基础的。

阿里·法拉比用辐射概念描写世界的创立过程，认为世界是从神的本源里流淌出来的。

"第一存在是存在产生的地方"，阿里·法拉比论述道，"在有了第一存在后，应该根据他的存在从里面产生出其他存在……第一存在的存在就好像是存在流进了其他东西的存在……"

用辐射原则解释世界的构成，这是阿里·法拉比从新柏拉图主义者普罗金和普洛克罗那里吸取的思想，他们的著作《九面体》和《神学》当时在伊斯兰界极富盛名，这为阿里·法拉比解释一切存在的起源为第一存在，且宇宙各层级之间相互联系提供了可能。这种观点后来被伊本·西那所认可，也为中世纪远东和中东其他科学界的代表人物所采纳。

根据阿里·法拉比的观点，存在由六个基础或层级组成，这六个层级同时作为所有存在的始因，相互之间互为因果。阿里·法拉比对这六个层级作了如下解释：

存在的始因（或本源）即至高无上的神位于第一层；次因处于第二层（天体存在的原因）；活动智慧在第三层；灵魂在第四层；形式在第五层；物质位于第六层。

所以，根据阿里·法拉比的观点，神是存在的始因和本源。

以下是阿里·法拉比对神的存在的描述。神的存在是现实的，也是永恒的。他的存在是完美的，而且处于存在的最前端，没有比他更完美的存在，也没有什么能够超越他的存在。第一存在本身没有自己存在的原因，也不需要什么外部力量来支撑他的存在。第一存在为自己而存在。

第二层即次因，是由始因构成的"天体"。阿里·法拉比认为这一层是静态的恒星。次因共有九个。所有次因在自己的存在中都具有实体性，引出九种天体的存在：第一重天、静态恒星、土星、木星、火星、太阳、金星、水星和月亮。月亮下面是地上世界。从这个角度看，阿里·法拉比的辐射概念与天文学和宇宙论相似。

第三原因或层面是活动理智。

"活动理智的作用在于关注有理性的动物（人），并力求使其能够达到最高完善等级，即获得最高幸福"，因此，活动理智是一种宇宙理智，其功能在于关心人并力求使人达到完美。

存在的第四原因或层面是人的灵魂。

为了对阿里·法拉比的灵魂观形成一个完整的概念，需要关注他的《雕刻智慧》和《问题的实质》两部论著。

阿里·法拉比认为，人的灵魂拥有各种能力或力量："供给力""感觉力""想象力""推动力""驱动力或唤醒力"以及"思维力"。

存在的第五、第六原因或层面是形式（苏拉）和物质（马达）。

阿里·法拉比与亚里士多德一样，认为所有的机体都是由物质和形式构成。形式是物体的现实存在，物质是物体存在的可能性。形式是积极的开端，是生命和活动的开始，物质是消极的开端。为了从可能性中产生某种真实存在，形式应该受到物质的限制。比如，铜球里的物质是铜，而形式是球形；生命体的物质是肉体，而形式是灵魂。

存在的后三个原因与物质世界有关。这些原因中有三个原因"不是肉体的，不（包含）在肉体中：它们是始因、次因和活动理智。（另外）三个原因处于肉体内，但本身不是肉体：它们是灵魂、形式和物质"。

现在我们对上面的这些论述再作进一步解释。阿里·法拉比认为，世界由相互联系的机体构成，脱离任何机体的东西是不存在的。

阿里·法拉比首先将机体分解为六类：

- 天体
- 理性动物

- 非理性动物
- 植物
- 矿物质
- 四种成分：火焰，空气，土壤和水

阿里·法拉比将这四种成分称作原生物质。

土壤代表密度，空气代表流动性，火焰代表温度，水代表寒冷。根据这四种成分的相互关系可以产生不同的性质：刚度、硬度、软度和黏度。这四种成分是机体产生和消亡的基础，他们能够从一种质的状态转变为另一种质的状态。这些成分的组合形式多样，不同的组合使物体拥有不同的形式。

有趣的是，阿里·法拉比指出，矿物质、植物、动物和人会随着时间的推移分解和消失，但作为基础的这四种成分却不会消失，他们会组成新的机体。

最后，阿里·法拉比总结道，这六种机体组合在一起构成了世界。尽管世界区分为不同的层级，但世界是统一的。世界是统一体，因为他是必要存在的结果。根据阿里·法拉比的观点，人处在地上世界的最高层级。

阿里·法拉比还从"可能存在"和"必要存在"的相互关系角度研究了存在。一切现实的存在，要么是"必要存在"，要么是"可能存在"。"可能存在"要求有自己存在的原因。原因的链条可能是无穷无尽的，并导致无原因存在着的存在之存在这一看法。"必要存在"在阿里·法拉比看来，就是神这个存在的始因、本源和第一推动力。上面所列存在的五个层级，包括天体、活动理智、灵魂、形式和物质，都属于存在的"可能存在"。

阿里·法拉比的存在学说还特别关注了实体范畴和偶然范畴。他在自己的《"艾伊萨高格"一书或"导论"》和《"卡塔古力亚斯"一书或"范畴"》两本著作中对这两个范畴进行了分析。

"事物本身的存在称作实体……"，阿里·法拉比认为，"那种本身不存在的，我们称作偶然……"

实体反映物体的实质，偶然是实体在不同特征中的表现。偶然不能脱离实体存在。每种物体都可能有几种偶然（特征），它们可以在不触及实质即实体的条件下发生改变。

偶然，根据阿里·法拉比的观点，在属性特别是变化性方面与形式接近，而实体与物体的基础相关，也就是说，实体与"物质"范畴非常接近，用来表达物体的实质。

阿里·法拉比将偶然理解为物体的属性和各种质的变化状态。偶然的类型分为质量、数量、时间、地点、关系、状态和行为。

实体可以是大地、天空、星辰和大地的组成部分，即石头、水和各种动植物。最简单的实体就是构成复杂实体的四种成分。阿里·法拉比将人看作复杂实体，其属性除了其他物体共有的属性外，还有理性和言语。

在分析了存在的主要领域后，阿里·法拉比得出的结论是：包含在存在领域的多样的现象、事件和过程由统一的基础相联结。他将这一基础标记为"神"这个存在的始因、本源和存在的必要存在。尽管中世纪用神学观点解释世界占主导地位，但阿里·法拉比却能够对超自然、自然与社会存在进行哲学与科学论证式的思考。

　　　　关于应该怎样教与学，怎样表达思想、陈述观点、
提出问题和解答问题，我认为，所有科学中占第一位的
应当是关于语言的科学。

—— 阿里·法拉比

第五节　语言哲学

　　在《论科学的划分》一书中，阿里·法拉比系统整理和编写了当时所有的学科领域，并界定了它们的研究对象、研究任务和目的，同时，他认为所有学科中最重要的是关于语言的学说。根据他的观点，没有语言知识就无法想象其他科学的诞生、进步和发展，因为任何产生于人脑的思想都要借助人的言语表达出来，都需要披上语言的外衣。

　　《圣经》里说："太初有道，道与上帝同在，道就是上帝。"有趣的是，当基里尔和梅福吉在把这句话翻译成斯拉夫语时，"道"这个概念被解释为希腊语中的"逻各斯"，这个概念标记了宇宙发展的规律和某种操控世界的高级力量。一般认为，正是在希腊哲学的影响下，阿里·法拉比将语言科学列在了科学分类的第一部分。

　　语言问题在阿里·法拉比的创作中占有中心位置。在这个问题上，他既是一位哲学家，也是一位语言学家。作为语言学家，阿里·法拉比描写了阿拉伯语的语法规则，包括阿拉伯语的词法、句法和正字法。作为哲学家，他探究语言的起源问题、逻辑学与语法学的关系问题，以及用专门词汇来反映哲学概念问题，即阿拉伯语哲学中术语与术语学的产生与功能问题。

作为亚里士多德的追随者，阿里·法拉比不可能不关注语言哲学，因为语言哲学早在他之前就已经引起了整个古希腊哲学家们的关注。我们来看看阿里·法拉比的著名论著《字母书》（基塔布 阿里·胡路夫），此书中包含了我们感兴趣的关于语言哲学问题的论述。正是这本书让我们更完整、更深刻地理解了阿里·法拉比关于语言问题的精辟论述。

语言学研究中最重要的问题是语言起源问题。关于这个问题，阿里·法拉比与亚里士多德的观点相似。现代研究者的研究成果表明，亚里士多德支持约定论。根据约定论的观点，社会中有一些"名称制定者"，他们相互之间以约定的方式，将一些标记这样或那样东西的词汇引入日常生活，随后人们开始使用这些词语来称名。

在《字母书》中，阿里·法拉比这样阐述自己的约定论："约定是这样产生的，约定的制定者中有人使用一些音和一个词来从意义上界定某种东西，当他用言语与另一个人交流时，听到这个词的人就会记住这个词。当听者与这个词的第一位制定者交谈时，听者首先自己会使用这些音和词。第一位听者模仿这个词的制定者并与其保持一致。然后他们俩人以约定的方式约定了这个词，并将它用于与他人的交流中，于是这个词就逐渐成为全社会的财富。"

对阿里·法拉比的语言起源说及词汇说可以做出双重解释。一方面，在远古时期，当人的语言开始形成时，语言的实用能力是由人的行为的主观性和随意性确定的；另一方面，后来语言发展到一定程度时，科学概念以专门词汇的方式获得了语言形式，这里可以看到"名称制定者"所起的特殊作用，他们在语言及其词汇创建过程中起着决定性作用。

"名称制定者"通常是指某个艺术领域或某个认知活动领域的行家。他们知识渊博，会根据自己的兴趣，为表达自己的创意，把一些词引入不同领域的认知艺术中，随后这些词就逐渐成为这种艺术的专业术语。

这些"名称制定者"首先是指那些把古希腊哲学著作翻译成阿拉伯语的翻译家们，他们最早体味了哲学概念及其术语在对等翻译中的艰难，关于这一点，阿里·法拉比在其《字母书》中做了详尽论述。值得一提的是，现在我们如果需要确定术语概念的话，有专门的专名学委员会负责此事。

"今天阿拉伯人的哲学，是从古希腊人那里传播来的"，阿里·法拉比如此写道，"那个把古希腊哲学带进来的人，在界定古希腊哲学思想的名称时，会遵循一些法则"。阿里·法拉比列举了这些法则，并指出其中最重要的、最有效的方法是"发明法"，即为外来的哲学思想发明一些新词，"这些词在此之前完全没有被使用过，它们指向一个事物，由本民族的字母组成并按本民族的语言习惯构词"。

阿里·法拉比指出了最普遍的和最易于接受的方法，根据他的观点，有着本民族思想意义的词可以按照"相似性"手段转化为哲学概念。

我们可以以阿里·法拉比关于"存在"这个哲学术语的推论为例。阿里·法拉比认为，在普通人的语言中，"存在"这个词是从"存在着"这个词来的，这个词可以从绝对意义和相对意义两方面来理解，但它并不反映哲学概念中的"存在"。

要给这个词填充上哲学的内容，就必须在"存在"这个词上附加表达哲学概念实质的意义，而这只有通过约定才能实现。阿里·法拉比说，"就存在来说，它是一个名词，这个名词根据约定整体反映所有的个别，而后这个词会成为每一个下属于它的个别的名称，以个别的形式表达出来"。

阿里·法拉比关于约定和引入科学术语的论断不仅涉及其哲学体系的普遍问题，也涉及如三段论这样的个别问题，三段论是认知艺术的一种变体，属于逻辑科学。

每种艺术的出现都会形成自己的专门词汇。例如，人们在呈现修辞学、诗学和诡辩艺术时，往往会使用近义词、同音同形词、模糊语、隐喻和词的转义等。

在《字母书》中，阿里·法拉比研究了标记宗教规范的词的产生形式。在此，他也发现了"名称制定者"的存在，也就是说，在选择专门的宗教词汇时一定会有一个现实的人存在，这个人"引入这种宗教"并在自己的语言中界定了这些宗教思想的名称。

尽管现代很多学者将语言看作社会产物，认为语言的形成与发展是全体社会成员参与的结果，但主要还是受其中一部分人的影响。阿里·法拉比在语言创建问题中的个体参和思想与上述观念不谋而合，在我们看来，这是绝对客观的，因为组成某种社团的大众，本身并不直接创建语言，他们只是传播语言和语言现象。

首批词的出现与其说是出于给事物命名的需要，不如说是出于将事物与人的集体相对照的需要。要达成约定，首先要有一个交际系统。在这个交际系统中，人最初是使用表情和手势表达思想的，后来才发出声音，接着使用各种不同的发音来作为组成词与话语的语音背景。"如果人想让别人知道他脑中的所想"，阿里·法拉比写道，"那么他就会率先使用表达符号……然后使用声音……接下来再使用不同的发音……这些不同的发音被限定表达一定的事物。发音按序排列……直到人们（不用学习）习惯于通过发出一些声音来指称物体，管理自己的事情，直到拥有符合自己的发音形式，该民族的语言就这样创建起来了"。

因此，最早的语言交际出现在人们需要互相说些什么的时候。阿里·法拉比认为发音是第一符号。而其中最有意义的符号可能是"哦！"（在阿拉伯语中，一个人称呼另一个人时会使用这个发音，俄语对应的可能是"哎！"，哈萨克语中使用"喂！"），这个发音中已然包含了有价值的信息。如果听话人回应了这个信息的发出者，就可以观察到真正的信息传递行为和他们的互动关系，因此可以说，这个发音获得了显而易见的独立性和符号性。

符号性只会为人的声音所拥有，要知道声音也可能是动物发出的，但阿里·法拉比指出，"动物发出的音和声调与人的发音完全不同，人可以借助这些发音组成单词来表达思想"。符号性与词相关，词是固定的、重复的言语，可以保证话语的逻辑价值。只有通过词，语言才能成为语言，成为交际的手段。

与人的声音一样，文字作为发音言语的书面表达形式，也被赋予一定的符号性。文字包含信息并将信息保留下来，执行尤为重要的交际功能。阿里·法拉比认为文字的出现，是基于人向下一代保存和传递已有经验的需要，因为口口相传没有文字这么完善和有效，因为有些东西会随着时间的推移而被忘却，有些东西会被歪曲，还有些东西很难凭记忆记住，所有这些"迫使人们考虑简化此事，于是就出现了文字"。显然，阿里·法拉比的观点是正确的，他把人有意识的创造看作文字出现的原因，认为人们想要利用文字来保留人类经验，以保证这些经验能够传递给下一代或其他民族。

用词来记录思想和概念的问题可以归为逻辑学，于是，阿里·法拉比又考虑将逻辑学与语法学进行对比，探讨二者互为依据的问题。

阿里·法拉比把语言看作符号系统。语言符号一方面记录感性知觉的东西，另一方面也记录思维的内容。阿里·法拉比认为，"最初的字母和词是感性知觉的符号，可以说，也是理性理解事物本质的符号，因为这实质上显示了对感性知觉的进一步深入与强化"。

因此，语言符号是对思维观念的表达。语言单位的物质符号功能是通过智力行为得出抽象思维的必要条件。单词可以通过智力行为，表达感性知觉的事物形象，所以语言与思维相关。

语言应该正确地反映思维观念，阿里·法拉比也强调了这一现象的重要性。他说，言语中要求确立这样一种秩序，"要让词语表达的思维观念与那些观念相同"，否则会产生虚假的词语符号。

阿里·法拉比把词看作正确反映思维形式的语言单位，他认为，思维形式以概念的方式区别于物质，应该被固定在专门的词位中。用词表达的科学概念，既起到表达这个词的意义的作用，又起到思维的作用，这种思维固定了该词所标记的物体的实质。概念首先是思维，思维反映着现实物体的普遍属性。

正如我们所见，阿里·法拉比的著作中也十分关注逻辑学与语法学的关系问题。

词在人的认知活动中起着非常重要的作用。难怪阿里·法拉比赋予词重要的认知功能，他说，人从本质上固有"用词说话，用词指物（给出定义），用词教学"的特点。借助语言思维，人才有可能比通过感性经验更深入地认识事物和现象。

　　我们认为，阿里·法拉比并非偶然在人对周围世界的认识活动中赋予词语如此重要的意义。众所周知，哈萨克人对词语有着特殊的态度。游牧的生活方式，与大自然的频繁接触对哈萨克民族的思维方式产生了决定性的影响，也对世界上最美语言之一的哈萨克语的形成产生了关键影响。

　　"演说术是艺术的顶峰"这一思想准确表达了哈萨克民族对词语的高度评价。对哈萨克人来说，词不是一个简单的交际工具，它被看作是所有艺术中最高级的认识方式、培养手段，以及表达自己对族人和统治者态度的积极成分。准确的词汇陪伴哈萨克人度过了所有重要的人生阶段。正如阿拜所写：

　　"不论是匕首尖，还是绣花针尖，都无法像你（词）一样刻画出如此美妙的图案"（阿拜关于语言和演说术的经典名言——译者注）。

　　任何一个统治者在听到普通百姓请求"请让我们说出自己的想法吧，陛下！"这句话时，都会顺从并克制自己的愤怒。对哈萨克人来说，一个词（бip ауыз сөз）可能会招致致命的判决，也可能换来能照亮整个世界的快乐消息。

　　"词"不仅可以理解为思想或概念，也可以理解为术语。在分析阿里·法拉比著作的原文及其俄文译文时就会发现，与哲学对象有关的所有词汇材料都来源于古希腊哲学，反映古希腊哲学术语的概念和思想内容。但同时应该指出，阿里·法拉比著作中的哲学术语是阿拉伯词源的词汇，因为这位哲学家本人一贯坚决反对使用外来词。

　　我们以"扎乌哈尔"（即"实体"）这个术语为例。"扎乌哈尔"一词起源于波斯语，意为"珍珠"，阿拉伯人利用这个词来表示所有的宝石。阿拉伯哲学家选用"扎乌哈尔"一词来标记哲学术语"实体"，即事物的本质与实质。这样一来就出现一个问题，为什么选用了这个词，而不选"扎特"这个词，"扎特"这个词同样也表示事物或现象的本质与实质。我们认为，选择"扎乌哈尔"而非"扎特"或许可以这样解释：要更准确地表达事物的实质，就需要形象地将术语进行归纳，这个术语的主要内容是贝壳里的珍珠，而不是作为形式的贝壳，不是珍珠的供养体。

阿里·法拉比哲学著作的语言具有以下特点：规范凝练、用词严谨、具体生动，特别重要的是，他的著作中富含准确表达研究对象概念体系的哲学术语。

通过对语言起源问题、逻辑学与语法学关系问题、用专门词汇反映哲学概念问题，以及阿拉伯语哲学中术语和术语学的产生与功能问题的研究，可以看出，阿里·法拉比对现代语言学的发展做出了重要贡献。

通过这本书（《论科学的划分》——译者注），人们可
以将各种科学进行对比，从而认识哪种科学更具价值、更有益、
更完善、更可信、更强大，而哪种科学相对次之、相对薄弱。

—— 阿里·法拉比

第六节　自然哲学与现代科学

　　自然哲学这一术语译自拉丁文，意为大自然的哲学。自然哲学产
生于古希腊时期，旨在探寻自然现象的"终极原因"和基本规律。哲学
家们曾尝试在自然科学的框架内，将这一时期所有关于大自然的通俗知
识按照原始原则归纳整理成一个统一的体系。自然科学中一些不可避免
的研究空白，在当时主要靠已知信息来推论，而这些推论则基于当时为
大家普遍接受的世界科学图景。自然哲学家的研究兴趣主要为宇宙论、
天体演化学、物质构造和运动的本质问题。自然哲学体系中包含一些重
要的自然科学概念，诸如实体、物质、空间、时间、运动和自然规律等。

　　阿里·法拉比是中世纪自然哲学的杰出代表。他的自然哲学思想
在其著作遗产中占有重要位置，其自然哲学著作包括《论科学的起源》
《论人体的器官》《动物的器官、功能及潜能》《真空》《论化学艺术
的必要性》《物理学的一些原则》《驳盖伦与亚里士多德关于人体器官
的分歧》等。

　　在介绍阿里·法拉比的自然哲学思想之前，我们先来看看他的奠
基之作《论科学的划分》。在这部著作中，阿里·法拉比凭借自己全面
而深刻的认识观，对中世纪的科学知识进行了系统分类。

阿里·法拉比不仅划分了中世纪的知识领域，还对这些科学领域进行了界定与全面分析。在确定各知识领域的研究对象时，阿里·法拉比对该学科的内容也做了言简意赅的陈述。

在这部著作的引言部分，阿里·法拉比写道："通过这本书，人们可以将各种科学进行对比，从而认识到哪种科学更具价值、更有益、更完善、更可信、更强大，而哪种科学相对次之、相对薄弱。"

《论科学的划分》一书由五大章组成，其中第三章和第四章属于自然哲学领域。

该书的第一章为语言科学，由七个方面的内容组成：（1）单词学；（2）词组学；（3）单词的规律；（4）词组的规律；（5）书写规律（正字法）；（6）正确朗读的规则；（7）诗体学。

第二章是逻辑学。阿里·法拉比把逻辑学定义为一门理论学科，主要研究思维的规律与规则，具有各学科之首的特点，也可以看作一门艺术。他分析了逻辑学的所有组成部分与内容，研究了表达逻辑思想的各种手段，总结了逻辑学研究对象的详细特点。

第三章为数学。阿里·法拉比把数学看作一门研究物体的数量与空间关系的学科，认为数学由七部分组成：（1）算术；（2）几何；（3）光学；（4）星体学；（5）音乐学；（6）重力学；（7）艺术方法学。

关于中世纪穆斯林数学的发展成就，可以通过阿里·法拉比的研究做出判断。阿里·法拉比把算术分为实用算术和理论算术。实用算术可在日常生活中用来"计算人数、马匹、第纳尔（货币名称——译者注）、迪尔亨姆（货币名——译者注）和其他需要计算的东西"。理论算术研究"绝对关系中的数"，即从现实客体中抽象出的概念。例如，理论算术研究奇数与偶数、等式与不等式、成比例与不成比例、恒等与不恒等概念。

阿里·法拉比把几何学同样也分为实用几何与理论几何。"实用几何研究线段与平面，例如，木工用的木头，铁匠用的铁，石匠用的石头，土地测量员测量的土地等。"阿里·法拉比指出，每一个掌握了实用几何的人，都会把线条、平面、正方形、圆和三角形想象成这种实用艺术，即实用几何的研究对象。

理论几何研究"只在抽象和普遍意义中的"线段与平面，即从具体物体中抽象出来的概念。

光学在阿里·法拉比的定义中指"研究观测或观测仪器"的科学。他指出，几何学与光学之间有众多相似之处。光学和几何学一样，研究形状与大小、排序与位置、相等与不等等概念，但几何学的研究更具抽象意义。在阿里·法拉比看来，几何学的研究领域更具普遍性，因此需要将光学单列出来，研究专门的观测仪器，以便更加准确地研究物体。

光学研究的必要性与存在光的错觉有关。阿里·法拉比举例说，"现实中的四角形，在一定的距离下会被看成一个圆形，直线会被看成线段，不相等可能会被看成相等"。

"正是借助光学，我们才能区分眼睛所看到的和实际存在的之间的差别，才能解释其中的原因……"

阿里·法拉比对光学现象的阐释，在现代物理学教科书中依然可以看到："光线穿过透明物体射在被观察的物体上时，或直射，或偏射，或反射，或折射。"阿里·法拉比还对每一种射线的形式做了详尽分析。

星体学在阿里·法拉比的理论中包括占星术与天文学两部分：

1. 占星术指用星星来占卜的科学，这在当时被看作是一种伪科学。但阿里·法拉比将它界定为"关于星体对未来要发生的事，以及很多现在正在发生着的和过去发生过的事的一种指示的科学"。现代占星术也具有与此相近的概念。

阿里·法拉比认为，占星术是一门艺术，通过这种手段可以预测未来。

2. 星体数学也就是天文学。阿里·法拉比指出，这是"一门应用于很多科学和数学中的艺术"。

根据他的观点，星体数学研究"天体和地球三方面的问题"。

（1）天体的形状和相互间的位置分布。阿里·法拉比认为，"地球整体既不会偏离自己的位置，也不会在自己的位置上发生位移"，因为他与亚里士多德一样，是地心宇宙体系的追随者，认为地球稳定地处于宇宙的中心。

（2）天体的环形运动。

（3）地球的适居区与无人区。我们从阿里·法拉比对这个问题的论述上可以断定，他实质上是现代宇宙空间对其他星体的气候、土壤、肋板和动物区系进行研究的鼻祖。

有趣的是，阿里·法拉比的科学划分将音乐划归到"数学"中。依据古希腊哲学家的思想，阿里·法拉比将音乐看作通识教育学科。在毕达哥拉斯之后，音乐一直归属于数学学科，因为音乐理论基于数量关系。

关于重力学，阿里·法拉比不仅将其看作测量重力的科学，而且还是关于杠杆的科学。

艺术方法学曾被阿里·法拉比戏称为"技巧学"。借助这门科学可以做大量的运算，甚至是难度非常大的运算，因此这门科学中包含代数的内容。"技巧学"即是现代"力学"。

第四章是自然科学与神学。

自然科学或物理学"研究自然物体及其偶然性"，也就是说，这是一门关于自然现象及其属性的科学。

阿里·法拉比把大自然中的现象或物体分为人造的和天然的两类。他认为，"人造物体包括玻璃、剑、卧具和衣服等所有通过人工手段且按照人的意志创造的东西"。天然物体"不靠人工手段，也不按照人的意志存在，比如天空、土地、动植物等"。在现代哲学中，前者被称为第一自然，而后者被称为第二自然。哲学家把第一自然理解为由人的双手人工创造的自然。

神学或形而上学，在阿里·法拉比看来，主要研究处于自然之上的东西，也就是超越物理学范围的东西。他没有从神学这个词的普通意义上理解形而上学，而是将它解释为一门关于存在的普遍原则与范畴的科学。亚里士多德也是这样理解形而上学的。与此同时，神的存在问题也属于形而上学的研究任务。

第五章是非宗教学、法学和阐明宗教教义的学说。

这一章主要分析国家管理问题，以及权利与宗教在社会中的作用问题。

阿里·法拉比时代，自然哲学中最发达的学科为医学，当时称作"治疗艺术"。在阿里·法拉比的医学著作中，主要阐释他所理解的该学科的理论起源，及其对医学史的深入研究。需要强调的是，阿里·法拉比的医学观与哲学观是紧密相关的。他认为，人是生物界的一部分，具有一切生物的属性。健康、疾病、死亡和心理活动的彻底消亡，都是生物界不可分割的属性。这些属性"属于每一种动物，也属于每一个人，以此类推，它在一定程度上也属于任何一种数量关系"。

阿里·法拉比的医学哲学思想主要反映在下列著作中：《论人体的器官》《动物的器官、功能及潜能》《驳盖伦与亚里士多德关于人体器官的分歧》等。

在《论人体的器官》一书中，阿里·法拉比把作为医生的盖伦和作为自然科学家的亚里士多德的观点进行了对比研究。

盖伦研究的方式与目的是纯医学的，"医学研究人体与人体每一个器官健康的功能，因为医学是一门依赖于真理性原则的艺术，旨在维护人的机体及其器官的健康"。

亚里士多德的研究采用自然科学与自然哲学的方法。自然科学是一门理论艺术，借助自然科学可以获得自然物体及其属性的可靠知识。根据亚里士多德的论断，自然科学旨在厘清每一个自然物体的本质，主要研究该物体的物质属性、形式、构成及其存在的有效因素，以及该物体存在的目的等。

阿里·法拉比将医学看作实用艺术，指出了它的任务、目的和功能："医学活动旨在……采用医学手段使患者恢复健康。"他认为医学的任务不仅在于研究疾病的原因，还要研究维护健康的手段。

阿里·法拉比有史以来第一个勇敢地指出了盖伦的错误。他说，"我们将盖伦奉若神明，接受他的正确理论，但对于他违背真理的那些说法，应该摒弃"。

克劳狄·盖伦（约公元130—200年）是一位在欧洲享有盛誉和权

威的著名医生。他的观点被视若法则，不容争议，更不容置疑，即使是他很明显的错误在当时也不容纠正。盖伦的解剖生理学著作《论人体各部器官的功能》是欧洲几代医生的案头必备之书。

作为亚里士多德思想的继承者，阿里·法拉比与盖伦及其他一些解剖学家展开了激烈论辩，因为这些解剖学家反对亚里士多德在生理学和动物解剖学方面的科学论据。

根据阿里·法拉比的观点，医生的艺术是富有成效的，他们的工作与提供营养、服用药物、改善皮肤、处理伤口，或是解剖以及其他各种治疗手段有关。医生的工作对象是人的肉体，医生的工作目的是对抗各类疾病。

阿里·法拉比解释说，医学活动与其他科学领域一样，要借助工具才能有效。医学的工具就是药品、手术刀等。

阿里·法拉比详细列举了影响人健康的地理、心理、物理、生理和医学因素。其中，他特别关注对病因的研究，认为病因与外界影响存在因果关系。他指出了周围环境、食品和药物对疾病治疗的作用。在阿里·法拉比看来，医生的经验与知识、对症开药的能力和熟练使用医疗器械的技艺，对疾病的成功治愈起到重要作用。他举例说，有时人体的健康器官能够感受到疼痛，据此人可以判断自己生病了。相反，有时生病的器官隐藏得很好，所以人觉得自己是健康的。这就需要医生对病情作出甄别和诊断。

在《国务活动家的名言警句》一书中，阿里·法拉比也提到了医学问题。在分析病因时，阿里·法拉比遵循存在的一致性这一哲学理念，认为人体的各个器官是相互作用的。"医生单独治疗某一器官时，会将这一器官与整个身体，以及该器官的周边器官或相关器官进行对照，以期在治愈该器官的同时，为整个身体和周边器官与相关器官带来益处"。阿里·法拉比认为，通晓人体各器官的依从关系是一条非常重要的医学法则。

根据阿里·法拉比的观点，人的不健康会表现在心理、思维及其他状态中。

《动物的器官、功能和潜能》一书探讨了一个很有意思的医学问题：动物的哪个器官是主导器官和感觉中心呢？是"冰冷松软的大脑还是热乎乎的心脏？是灵魂所在地还是自然精神与生命精神的拥有者？"动物机体由三种器官管控："心脏能产生沿动脉和静脉流动的生命精神，大脑中凝聚着心理精神，肝脏管控全身之精神。"

阿里·法拉比把人体主要器官即心脏的功能与活动，比作公共澡堂中央锅炉的功能与用途。正如公共澡堂的中央锅炉借助澡堂地板下和墙壁间砖质的通道，向整个澡堂传递热量一样，心脏作为一种天然热能的发源地，通过动脉和静脉向整个身体传递生命的能量。无独有偶的是，阿里·法拉比也曾在自己的社会伦理学著作中，将国家首领比作人的心脏。

而阿拜也曾说，"旺盛的精力、清晰的头脑、温暖的心灵……请将这三者结合起来放入自己的心脏。如果这三者能在一个人身上找到，那么这就是一个高尚的人。我将守候在心脏这边，因为这三种品质都集中在这里"。毫无疑问，阿拜的这一思想不仅与阿里·法拉比思想相通，同时这位伟大的哈萨克诗人、哲学家也是阿里·法拉比学说的直接继承者。

阿里·法拉比的医学哲学思想对后世几代医生都产生了深远影响，特别是中世纪著名的学者、哲学家伊本·西那。

阿里·法拉比在其专著《问题的实质》一书中明确指出，世界是由相互联系的物质和机体组成的，脱离任何机体的真空是不存在的，而且"世界……既不会以空洞无物结束，也不会以充塞满溢收尾"。

在《真空》一书中，阿里·法拉比作为一位地道的学者，详细分析了一系列水与器皿的物理实验结果，推翻了存在绝对真空的论点。与此同时，他认为，不仅存在着尚未研究的物体与大自然的未解之谜，而且还有必要去关注这些物体的物理属性及可能的研究方法。

在阿里·法拉比时代，炼金术非常流行，后来从这门技术中分离出了化学科学。众所周知，炼金术试图得到某种"点金石"，并借助这种石头将廉价金属点化成金银，同时得到某种生命之水来治愈各种疾病或延长寿命。

在《论化学的必要性》一书中，阿里·法拉比是当时首批坚决批判炼金术的学者之一。他尝试在炼金术的不科学成分中分离出合理成分，在伪知识中剥离出正确知识。"误解这门艺术的人可分为两类：一类人拒绝它，歪曲它，而另一类人认可它，但却高估了它的能力。"持第一种理念的人是因为相信超自然的神秘力量，持第二种观点的人尽管理解有误，但他们试图竭力弄清楚物质的构成，试图用实验的方法和各种工具来研究化学物质。

化学科学，根据阿里·法拉比的观点，是社会所必需的，而且能为揭示化学过程和化合物的本质带来极大的益处，因为化学遵循着科学原则。宝石具有自然属性，大自然中没有能够替代它的东西。所以，不该将化学看作是能把廉价金属变成宝石的艺术，而应该将它看作是一门把自然现象作为自己的研究对象的自然科学。他指出，只有在研究了哲学、逻辑学、数学和物理学之后，才能理解和掌握化学。

在《关于物理学的一些原则》一书中，阿里·法拉比揭示了声音产生和传递的原因。他指出，"一些物体遇到另一些物体的挤压之后，不但不会表现出压力阻力，而且还会发生避让"，比如软面团、液体，或是一些在遭受脉冲来源方向产生位移的东西。"在上述情况下，挤压不会引发任何声音。"

声音只会在挤压力很大的情况下产生，当"空气层的分子在压力的影响下和两个物体发生碰撞时挣脱出来，用很大的力量相互挤压并互相紧贴时，声音才会产生"。

阿里·法拉比还揭示了决定声音高低的原因。他写道："声音的高低通常取决于作用于空气分子和受碰撞影响后的挤压程度。压力越大，声音越尖。碰撞越轻，环境越宽松，声音就越小。"根据阿里·法拉比的观点，声音的高低同样取决于琴弦："琴弦越硬越光滑，它弹出的声音就越尖越大。同样粗细的琴弦，如果长度不同，演奏出的声音也会不同。最低的声音往往是最长的琴弦发出的，因为最长的弦的运动最慢。最短的弦会发出最高的音，因为它的运动速度快……声音的锐度同样取决于空气流动的速度。"

在阿里·法拉比的哲学与科学遗产中，学者伦理学思想占有重要地位。他把对人类的命运和未来负责的人称作学者。阿里·法拉比斥责那些利用科学，特别是利用哲学来满足私利、升官发财和追逐名利的学者。

没有持之以恒、兢兢业业的劳动，没有对科学的热爱，就不可能深入地掌握知识。那些将毕生奉献给科学的人，不仅需要勤劳，更需要精神道德的纯洁。因此，"知识与善良"，科学与道德应该携手共进。没有高尚情操的学者，不可能成为阿里·法拉比眼中的学者。

在对阿里·法拉比的自然哲学观进行分析总结后，我们想指出的是，他的自然科学观极大地影响了后世科学思想的发展。毋庸置疑，现代数学、力学、物理学、化学、生物学、医学都能在这位伟大学者的自然哲学思想中找到很多有趣且有益的内容。

从整体看，无论何种艺术都具有天赋、能力和素养等构成要素，都包含极高的智慧……

—— 阿里·法拉比

第七节　艺术哲学

艺术研究在阿里·法拉比的思想体系中占有特殊地位。

在任何社会意识的复杂等级中，政治、权力和科学通常都占主导地位。但很难说有哪个个人和社会生活领域，可以完全不受艺术的直接或间接影响。无论是在反映现实的多面性与整体性上，还是在对个体的影响力上，艺术都会起到无与伦比的作用。学者们一般认为艺术有三种基本功能：认知功能、教育功能和美学功能。

这里特别想要强调的是艺术对人的道德影响功能。真正艺术的目的与真正的道德是一致的。艺术是对我们自身存在与人性的一种时常召唤。阿里·法拉比特别关注的正是艺术的这一特点。他认为，艺术是知识的高级形式，但这种知识并非借助理性获得，而是通过情感获得。艺术可以唤醒人最美的情感，能够为人带来悲喜与情感的共鸣。

艺术拥有很多用途：它可以让人学到知识，教人正确评价艺术作品复现的内容，从而正确评价生活本身；艺术能够激发人的创造力，培养人的思想品德，促使人养成积极的生活态度；艺术还可以陶冶人的情操，发展人的智力与情感，增强人的情感体验。

阿里·法拉比更感兴趣的是艺术的道德力量。艺术能够与人交流不灭的精神价值，能够让时间"暂停片刻"来揭示艺术之美与艺术存在的奥秘。根据各种艺术形式对人的灵魂产生影响的深度与力度，阿里·法拉比特别关注诗歌与音乐这两种艺术形式。此外，他还撰写了一系列著作来阐释自己对这两种艺术形式的哲学理解。

阿里·法拉比生活与创作中的伊斯兰艺术具有多元性的特点。这种艺术是在古希腊文化遗产与阿拉伯哈里发王国各民族文化传统的双重影响下形成的。

如前所述，阿里·法拉比 20 岁以前住在自己祖籍所在的法拉比城。因此，尽管他成年后生活在阿拉伯世界，但他的艺术哲学却是阿拉伯文化与突厥文化的共生之物。

阿里·法拉比对艺术的哲学思考主要体现在下列著作中：《音乐学大全》《诗歌艺术规范论》《论诗歌（的艺术）》《诗学与诗论》《诗学在科学体系中的地位》《诗歌作品的种类》《作为诗学对象的范畴》《三段论与诗歌》《修辞学》等。

阿里·法拉比艺术哲学的主要论题是：关于美好与崇高的思想；神是美与智慧的化身；艺术在善良品质培养中的作用；理想国居民对体现神之美的追求。

阿里·法拉比认为艺术的崇高使命在于传达神对完善人的灵魂的号召。艺术创作的目的在于培养人的崇高精神，而不是为了娱乐——这是阿里·法拉比艺术哲学的基本原理。

"美（扎玛尔）"与"庄严（扎拉而）"这两个范畴在阿里·法拉比的艺术哲学占有中心地位。从这两个范畴中他又推出"崇高（阿兹木－阿尔－扎拉而）"这一范畴，将美好与道德相结合。根据阿里·法拉比的观点，崇高存在于神与自然当中，可通过理性理解。崇高是某种望尘莫及的、理想的东西，是人在自己的创作中不断追求的东西。

阿里·法拉比与古希腊哲学家一样，把艺术称为临摹创作。艺术创作遵循模仿、复现、复制与模拟原则。他认为，艺术作品能够通过复现人的主观思想中并非必需的但是可能的东西来理解神的真谛。

在各种艺术类别中，阿里·法拉比高度评价音乐艺术，认为音乐能在瞬间赋予我们很多知识。

阿里·法拉比的巨著《音乐学大全》在其思想遗产中占有特殊地位。研究者指出，阿里·法拉比的这部著作就其重要性来说，超越了古希腊思想家们在这一体裁领域的所有作品。阿里·法拉比在音乐领域的研究成果长期以来在欧洲享有极高的威望。

在这部著作中，阿里·法拉比研究了音乐艺术的诸多问题：音乐的起源；音乐才能；对人的灵魂能够产生各种影响的音乐体裁；声乐与器乐的演奏才能；音乐学中的"自然"概念；音乐理论的基本原则；人能知觉的自然旋律；能够模仿天然声音的乐器"沙赫鲁德琴"与"诗琴"；和声与和弦；音程；结构相同的音如八度音、五度音和四度音；自然音体系的稳定体裁与灵活体裁；半音；数字对音的标记；作曲学原则；综合法与分析法在音乐学中的使用；物理学原理在音乐学中的使用；声音的产生与传递；制约升音与降音的因素。

《音乐学大全》所简要列举的这些基本问题，足以证明阿里·法拉比在音乐这一领域的扎实功底与真知灼见。

想要读懂《音乐学大全》一书，需要掌握许多学科的基础知识。不懂物理学的基础知识，就不可能理解"声学"这一章的内容，而缺乏数学基础知识则很难理解阿里·法拉比对音程和音乐比例的计算。

柏拉图认为，音乐可以鼓舞整个世界，为人的灵魂插上翅膀，让想象去飞翔。阿里·法拉比追随这一思想，认为音乐对人的心智具有很大的影响力。音乐能唤醒人美好的思想与情感，也可能给人带来忧伤。音乐的力量在于能够表达人出于这样或那样的原因而无法用语言表达的思想。

关于这一论点的一个极好的例证，是哈萨克的居伊曲名曲《瘸腿的古兰》。偌什可汗的儿子打猎时遭遇不幸，他的随从中没人敢将这一消息告诉大汗，因为大汗曾说会把带来坏消息的人的喉咙灌满铅。于是，居伊曲演奏者娴熟地演奏了一首曲子，通过这首曲子让大汗得知了儿子的死讯。于是偌什可汗只好下令"惩治"演奏这首曲子的乐器。

另外，还有一个可以展示音乐魔力的鲜活的例子。这是一个关于突厥著名思想家科尔基特的神话传说。音乐是他与死神斗争的武器。科尔基特的名言"不论在哪儿，随处都是科尔基特的坟墓"准确地表达了他的内心状态，体现出他对永恒生命的苦苦追寻。因为不愿与"人终有一死"的思想妥协，他试图借助科贝兹琴的旋律来战胜死亡，延长生命。

在音乐的演奏过程中会产生音乐与人的灵魂的共鸣。曾有过一个关于音乐的神起源的传说：神在创造了人的肉体后，命令灵魂进入人的肉体，但灵魂一直在反抗。于是神借助音乐迫使灵魂与人的肉体结合。神通过音乐将人的"物质性"与"精神性"合二为一，从而造出了人。

阿里·法拉比根据音乐对人的影响程度，将音乐分为三种：第一种为安抚型，可让人愉悦；第二种为提升型，可表达激情；第三种为振作型，可激发想象。

根据古希腊哲学传统，阿里·法拉比将音乐学分为音乐理论与音乐实践两部分。音乐理论指音乐产生的规律与规则。音乐实践指"借助乐器演奏音乐作品的艺术"。同时，阿里·法拉比认为，"音乐理论与音乐实践相互补充，共同构成音乐学"。

我们来探讨一些音乐理论方面的问题。

音乐理论指通过心智理解的知识。这种知识从具体的乐器和演奏者那里抽象而来，旨在研究音乐的本质。

根据阿里·法拉比的观点，存在一种特殊的思维类型即音乐思维，这种思维能使人借助听觉感知音乐。听觉带有主观色彩：有人听到的更加悦耳，更符合发出的声音，有人听到的却不太悦耳，甚至全然听不到。

在自己的科学划分中，阿里·法拉比理所当然地将音乐学归入数学科学，因为音乐和数学一样，其基础关系为数量关系。阿里·法拉比不仅从数量与时空的相对关系来理解音乐，而且从人的灵魂的内部结构去理解音乐。

音乐的理论研究旨在揭示音乐产生的原因与条件。阿里·法拉比认为，音乐作为一门艺术出现，这门艺术与借助人的嗓音演唱旋律有关。人的嗓音是一种最不寻常的，同时带有惊人表现力且富含语音语调表现手段的工具，它能够将声音最细腻的特点结合在其中。

应当指出，阿拉伯社会反映游牧部落日常生活的声乐艺术体裁，产生于伊斯兰教传入之前。这些体裁是：复仇歌——萨尔，赶骆驼人之歌——嘿嗒，哭泣歌——马尔撒，交战歌——乌尔扎杂，圣歌——玛德赫，讽刺歌——哈扎。

根据阿里·法拉比的观点，歌唱不仅是与诗歌紧密相关的音乐艺术的初级形式，而且是影响人的灵魂的强有力手段。阿里·法拉比格外关注对歌唱艺术的分析绝非偶然，要知道阿里·法拉比从小就接受了多种歌唱艺术形式，因为歌唱是游牧民族生活中必不可少的部分。

在哈萨克的游牧文化中，用歌唱形式来表达思想具有特殊意义。哈语中的简单诗歌、道别歌、悼亡歌、民间故事歌、婚礼祝福歌都是反映哈萨克人生活中重要事件的歌曲。这些歌曲蕴含着深刻的诗学思维，歌词语言形象生动，即兴创作水平高，旋律优美。

简单诗歌是一种将音乐与诗歌有机结合的最普通、最流行的歌唱艺术形式。简单诗歌的特点在于，它其中没有意识形态的内容。这种诗歌中反映的是没有经过修饰的生活的本来面目，可以看作是人对生活、对自己、对爱人和对整个社会从容不迫的深入思考。

乍看起来很简单的四行诗，其实拥有非常深刻的哲学内容。简单而令人愉悦的诗歌旋律是哈萨克婚礼和各式集会必不可少的曲目。需要指出的是，很遗憾，这种简单诗歌现在基本上仅保留在老一代人那里。

道别歌因为影响人的意识而在哈萨克人的生活中占有重要地位。道别歌分几种形式：新娘出嫁时与亲人道别的歌，与朋友道别的歌，即将离世的人与亲友、与生命、与自己民族道别的歌。哈萨克人不会通过简单的哭声来表达自己生命中决定命运的时刻，而是习惯借助诗歌与音乐来表达。

在我们看来，最简单的当属待嫁姑娘与亲人的道别歌。这种歌反映出年轻姑娘面临未知的、陌生的新生活时的胆怯与极度忧伤的情绪。

最悲伤的思想情感体现在与即将离世的人的道别歌中。属于这类歌曲中最典型的歌曲有《阿肯诗人给木比尔巴依告别歌》和《巴图鲁勇士阿格巴依告别歌》。

悼亡歌是唱给去世的亲人的歌。悼亡歌的主要内容是哭诉逝者的优点和伟大事迹，表达失去亲人的痛苦。悼亡歌在葬礼上占有特殊地位：有专人为即将逝去的人的葬礼歌填词，女性家眷也会提前准备这种哭歌（当亲人得了不治之症时，提前准备是正常的）。如果一个人死后，没有人为他哭唱，这将是一种耻辱。

我们举几个哈萨克宗教史中悼亡歌的典型例子。著名的卡兹别克·比·卡姆卡的女儿，在哭唱自己的父亲时，强调了父亲在《17世纪塔乌克可汗编写的哈萨克人权力汇编》研究中的伟大贡献：

> 他留下了遗产，为哈萨克人创建了律法"卡兹别克之路"，
> 这不是沙力嘎塔之路，也不是"律法"之路，
> 而是人民与他的平等之路。

阿拜的儿子阿布德拉赫马纳在年轻时夭亡了，阿拜为自己的儿媳写了好几首悼亡歌，以便儿媳能够庄重地送自己的丈夫最后一程。这些悼亡歌反映了一位父亲痛失爱子的悲痛心情。与此同时，阿拜作为一名真正的哈萨克人，即使在生命中最悲痛的时刻也没有放弃对美好未来的憧憬。他安慰自己说，儿子的生命虽然短暂，却很有价值：

> 如果什么也看不见，什么也不懂的话，
> 漫长的生命又有什么意思呢，
> 如果不学无术之人的头脑是空空如也的话，
> 他又能干什么呢？

现在哈萨克人已经很少使用悼亡歌了。悼亡歌的一些经典曲目仅在哈萨克斯坦的几个地区流传了下来。

《音乐学大全》包含的不仅仅只是对音乐科学的论述，还有音乐实践。根据一些资料记载，阿里·法拉比擅长演奏多种乐器（拉巴布琴、吉普沙克琴、那依琴、乌德琴），并且精通声乐。

在这部著作中，阿里·法拉比将音乐表演艺术分为两个阶段。表

演艺术的初级阶段叫做"英纳－沙伊"，此阶段的表演者仅能表演，但无法理解所表演的音乐，知其然而不知其所以然。高级阶段为"拉马纳－沙伊"，此阶段的表演者不仅能够表演，而且懂得旋律的意义。不过现在这种能够理解所演奏音乐意义的真正音乐家已经越来越少了，我们不得不承认这的确是一件十分令人遗憾的事。

器乐演奏是一个发展过程，它比声乐出现得晚，而且素来与把天然材料改造成人的音乐活动产品即乐器有关。这个过程要求造琴师具备一定的能力，能够挑选特定的植物和木材制作琴身，挑选特殊的坚固材料制作琴弦，同时要求造琴师具备高超的制作工艺与技巧。因此阿里·法拉比将这一类音乐与第一类音乐艺术相区别，认为它比第一类音乐艺术更具"人文性"。

值得注意的是，阿里·法拉比将乐器制作不仅看作是一种手工艺，更是一种特殊的艺术类型，因为它要求造琴师具备一定的能力和自然材料方面的知识。我们认为，现代哈萨克民族乐器如冬不拉琴、科贝兹琴、瑟尔娜依琴和瑟贝兹加笛的制作大师（赦别尔），至今仍在沿用阿里·法拉比所描写的乐器制作工艺。

阿里·法拉比特别重视对乌德琴、度塔尔琴、唐步尔琴、卡农琴、苏尔娜依琴、沙赫鲁德琴和吉普沙克琴的研究，因为这些乐器曾盛行于中世纪的穆斯林世界。《音乐学大全》中有一章专门描述这些乐器，其价值无可估量，因为在这部著作中首次描写了中亚的全套乐器。

弦乐乌德琴像诗琴一样闻名于欧洲。中世纪的音乐与音乐艺术的研究者们常常专门根据乌德琴来研究自己的音乐理论。乌德琴的琴身呈凸起的梨形，一般由檀香木、核桃木、梨木或松木制成，琴头呈后仰状。乌德琴用大象皮和珍珠装饰，长达600—630毫米。古乌德琴通常为4—5根弦，现代乌德琴一般由4—7根绵羊肠子制成的双层弦组成。有人推测，乌德琴的第五根弦是阿里·法拉比添加上去的。

阿里·法拉比的名字，还与一种能发出"让人内心激动的奇妙声音"的乐器的发明有关。这种乐器叫做卡农琴。有一种说法认为，卡农琴出现于传说中的波斯王扎穆世达时期，而另一种说法则认为是阿里·法拉比发明了这种琴。根据后一种说法，卡农琴的第一次演奏是在赛义夫·阿德·达乌拉的宫殿里，当时阿里·法拉比用卡农琴演奏了三首玛卡梅曲。第一首曲子让听众哈哈大笑，第二首曲子让听众号啕大哭，而第三首曲子则很快把听众带入了梦乡。

著名的哈萨克诗人玛格章·茹马巴耶夫在一首献给古突厥斯坦——图兰的原创诗中，将图兰称作神赐予突厥人的礼物，认为这是人类历史上无与伦比的最美丽的土地。在描写这神赐的突厥斯坦上诞生的伟大人物伊本·西那、成吉思汗、铁米尔兰等人的活动时，玛格章诗兴大发，描写了突厥音乐以及阿里·法拉比用哈萨克冬不拉琴使听众赞叹不已的演奏：

> 谁敢贬低突厥音乐和法拉比的九弦冬不拉呢？
> 难道当九弦冬不拉演奏出 99 种有着细微差别的音乐时，
> 还有人能控制住自己的眼泪吗？！

不过并没有明确的证据证明，是阿里·法拉比发明了吉普沙克琴和卡农琴，也没有证据证实是他添加了乌德琴的第五根弦，是他发明了九根弦的冬不拉琴。但所有这些推测都具有很强的象征意义，这也绝非偶然。这些推测见证着我们这位著名同乡的创造才能，说明他在各个方面都在追求完美。他懂得，琴弦的数量决定着乐器声音的质量与丰富性。的确，现代卡农琴在完善后共有 24 根三层琴弦。

毫无疑问，阿里·法拉比为音乐实践做出了切实贡献，音乐实践的最终目的就是创作和演奏完整的、完美的、和谐的旋律。在音乐实践中，完美原则得以实现。表演者在声乐和器乐艺术中都应该达到完美，以便影响人的灵魂，培养人的善良品质。

阿里·法拉比在自己的艺术哲学中，还讨论了诗人与诗歌的意义及诗歌的创作目的。什么样的人才能算是诗人？要想成为诗人，其拥有的诗歌创作才华足够用吗？用文学词汇的手段能够改变世界吗？人们需要诗歌吗？这些问题常使阿里·法拉比感到深深的不安。

根据阿里·法拉比的观点，诗人能用象征性的手段为人们带来神的存在真理。在他看来，诗歌的存在不只是为了娱乐，不只是为了以悦耳之音取悦于听众，而是为了改造世界，唤醒人最美好的情感。因此，接触诗歌时，人们会感受到一种想要变得更好、更纯净的需求，能够学着认识这个世界的美丽与和谐。

阿里·法拉比认为，真正的诗人能够看到并听到一般人看不见和听不到的东西。后来，19世纪，普希金在自己的诗歌《神意的代言人》中也思考了这个问题。诗人类似于先知，能够在人身上唤醒善良、慈悲和追求自由与正义的情感：

> 我们被精神的渴求折磨，
> 在昏暗的荒原艰难徒步，
> 六翼天使啊
> 在我彷徨的十字路口出现。
> 于是善良的神灵向我发出召唤，
> "站起来，神灵的代言人，
> 你看，你听，
> 你来执行我的意愿，
> 然后去走遍大地河川，
> 用语言将人心点燃。"

在开始阐述阿里·法拉比的诗歌思想之前，我们首先要知道，在中世纪的东方，诗人同时也是朗诵者。这样一来，阿里·法拉比将诗歌创作与诗歌朗诵等量齐观也就不足为奇了。

阿里·法拉比将亚里士多德的纯物理学术语引入诗歌研究中。他认为，正如在物理学中，物体会自然而然地或迫不得已地发生"质"的转移一样，诗人写诗可能是依据自己的"天性"，即与生俱来的才华，也可能是"迫不得已"，即被迫思考。

因此，在《诗歌艺术规范论》中，阿里·法拉比将诗人分为三类。

第一类诗人拥有天生的诗歌才华，能够写出天才的诗歌。然而，由于这类诗人不懂得应有的诗歌规范，在他们的诗歌中缺乏完美的表述。

第二类诗人精通诗歌规则，善于精妙地使用比较和隐喻。在阿里·法拉比看来，这样的诗人才能配得上"智者"或是真正诗人的称号。

第三类诗人，阿里·法拉比指那些模仿前两类诗人作品的人，他们没有任何诗歌创作天赋，也不懂得诗歌规范。正是这类诗人常常会在创作中出现疏漏与错误。

此外，阿里·法拉比还探究了诗歌创作中神秘主义顿悟的作用。需要指出的是，在中世纪阿拉伯社会，这样的诗人为占星家或预言家。这一点后来典型地表现在苏菲的抒情诗中。

实质上，阿里·法拉比的《诗歌艺术规范论》带有参考资料的特点，其目的在于帮助阿拉伯语读者了解古希腊诗歌的基本体裁。

与希腊诗歌一样，阿里·法拉比把突厥、阿拉伯和波斯语诗歌分为两种诗歌体裁：（1）颂歌，原指古希腊颂祝阿波罗神的合唱抒情诗，在东方诗歌中指颂词，赞美之歌，颂诗。（2）对唱诗，这是悲剧诗人在诗歌对唱赛上朗诵的诗。在古希腊，这种诗歌对唱赛是一种独特的奥林匹克竞赛，胜出者会被授予德尔菲桂冠。东方国家从古至今都在举行类似的诗歌对唱赛。哈萨克人把这样的诗歌对唱赛称为对口吟。

阿里·法拉比描述了下列诗歌体裁：

悲剧——这是一种"能为听众和朗诵者带来满足的诗歌体裁"。阿里·法拉比写到，悲剧通常颂扬英雄或城市统治者值得赞扬的事，可以为大家树立榜样。在现代人看来很有意思的是，在古希腊，悲剧往往会在国君面前表演，而在他死后人们又会给悲剧谱上曲，作为哭唱他的歌。

颂歌——这是一种被称作"悲剧加倍的诗歌体裁"。阿里·法拉比认为，颂歌所描写的是全人类值得称赞的品行与善良品德，而不是颂扬某个具体的个人。

喜剧——这是一种"讲述人与动物的坏事和丑陋品行"的诗歌体裁。根据阿里·法拉比的观点，喜剧是一种嘲笑人该被指责的品行的体裁。

抑扬格——这是一种"提及众所周知的关于好事与坏事的格言"的

诗歌体裁。"抑扬格"这个词会让希腊人想到作品的诙谐特点，而在现代文学中抑扬格代表一种公制概念。

话剧——这是一种"包含属于一定人群的俗语和名言"的诗歌体裁。古希腊话剧是从颂扬狄奥尼索斯神的宗教仪式中发展而来的，常伴有圆圈舞、民间舞和歌唱形式。现代对戏剧艺术的理解符合阿里·法拉比所列的诗歌体裁的特点。

阿依诺斯——这是一种"凭借高超的技艺，或是凭借出色的、令人赞叹的讲述为人带来愉快"的诗歌体裁。根据这一定义，很难确定阿里·法拉比所说的这一体裁究竟是什么。

图——阿里·法拉比将这种诗歌体裁界定为"立法者所使用的体裁，主要描写各种恐怖的事，如果人们不服从纪律或犯了不可饶恕的错误，那么这些恐怖的事就会等着这些人的灵魂"。

民歌与演说术——这种诗歌体裁"描写过去的政治与权力制度"。阿里·法拉比将这两个体裁合二为一，可能是因为二者具有相同的风格和相似的主题，即二者都用来讲述历史事件。

讽刺诗——阿里·法拉比认为，这是一种由萨梯里（贪图酒色者——译者注）合唱的诗歌体裁。萨梯里们通常乔装打扮，穿着兽皮，喝得烂醉，手舞足蹈。现代的讽刺诗另有所指。

长诗——这是一种"描写好事与坏事、对事与错事"的诗歌体裁。阿里·法拉比把术语"长诗"看作史诗的近义词，因为长诗的产生与形成，与抒情叙事歌这种原创艺术的析出有关。

阿姆菲格涅兹斯——阿里·法拉比认为这种体裁是由自然科学家创造的。从古希腊时代起，这个术语就被译为"关于自然""关于创造"和"关于形成"的长诗。

阿里·法拉比认为，诗歌创作中最重要的是诗人的内心状态。"在诗歌创作中，诗人的（内心）状态依据其完善与不完善的程度而有所区别。这或取决于他们的思想，或取决于（诗歌的）主题。从思想上来说，同一时间的思想比不同时间的思想更有利，因为人有时会情绪高涨，有时会情绪低落。"

追随柏拉图之理念，阿里·法拉比认为，所有散乱的东西都会给人的美好观念带来无法挽回的打击。只有观察了美好的东西，人才能唤醒内心的美感，超越经验主义的现实。根据中世纪的观念，美的中心是匀称、完整、和谐，也就是神。

在这样的思想下，中世纪伊斯兰世界开始发展阿达卜（中世纪阿拉伯国家文学中有教养的人的文化修养——译者注），它是伊斯兰文学发展的一个方向，表示通过文学来培养从先辈那里遗传下来的"值得称赞的行为形象"。

在《论诗歌的艺术》一书中，阿里·法拉比分析了阿拉伯诗歌的篇章、韵律与形式问题。

他在这本书中对看特偶句（两行诗——译者注）的分析，显示出他多才多艺的另一面，即对东方诗歌研究的高深造诣。

阿里·法拉比写到，著名的或是原创的看特偶句在语言表达上应该注重其结束部分。他特别关注看特偶句的结尾，因为结尾集中了诗歌的基本内容。需要指出的是，类似的规律在哈萨克人的简单诗歌中也有体现。

还需指出，阿拉伯与突厥传统对词汇、篇章和文字持有独特态度。东方语言具有特别的风格和手法，具有细腻性、修饰性、赞美性，且常用箴言、寓言和寓喻等手法。

从东方人的言语中可以马上推断出说话者所属的阶层、职业与追求，甚至内心状态。那些在欧洲人看来辞藻华丽、矫揉造作、长篇大论和无端赞美的东方语言（阿拉伯突厥语），却是他们最基本的交际手段。这样的交际方式既划清了说者与听者的界限，又搭建了二者深入交谈与相互理解的桥梁。

在研读了阿里·法拉比的音乐与诗歌研究领域的著作后会发现，这些著作不仅对阿拉伯穆斯林文化，而且对整个人类文化都具有重要意义。他的《音乐学大全》是一部真正的器乐百科全书，因其作品的深度和知识性而深受赞誉。在诗歌研究著作中，阿里·法拉比明确了诗歌艺术规范，划分了诗歌体裁，指明了诗歌在培养人的善良品质方面的作用，还特别揭示了诗歌所具有的高度道德使命。

以美为目标的艺术被称为哲学，或绝对智慧……
宗教尽管也掌控着人类的思想，但从时间上来说，宗
教晚于哲学。

—— 阿里·法拉比

第八节　宗教观

　　生活在中世纪的人不可能没有信仰，所以阿里·法拉比毫无疑问是一位有信仰的人。但必须指出，我们不能因此而将他当作神学家，因为他在解释神、宇宙、大自然、人与社会的关系时，更多地采用了哲学的理念，而不是宗教的方法。因此，在着手分析阿里·法拉比的学说之前，我们的首要任务是了解他的宗教观。

　　首先，我们需要明确阿里·法拉比在中世纪伊斯兰教思想斗争中的立场。这场思想斗争是逊尼派保守主义者与他们的论敌（即其他各宗教派别与非宗教派别代表）之间的论战。

　　这场争论主要围绕伊斯兰教的基本原则展开，基本原则的不确定性与矛盾性引发了各界对《古兰经》的不同解读与众说纷纭的观点。一方面，作为逊尼派保守主义者的论敌，各神学派别发表了自己的见解，他们虽然对伊斯兰教的一些教义提出质疑，却没有断绝与伊斯兰教的联系；另一方面，作为逊尼派保守主义另一论敌的哲学家们，以古希腊哲学辩论模式为方针，也加入了这场思想之争，但他们从不参与阐明宗教教义的争论，因为哲学家们对宗教的兴趣不在于此。

　　不同哲学家对宗教的看法不尽相同。世界著名的"阿拉伯首席哲学家"阿里·金迪认为先知的知识优于哲学知识。但阿布·巴克尔·阿尔·拉济则公开批判先知，认为先知显然都是伪君子。更有意思的是，有些对宗教持忠实态度的哲学家试图在宗教中找到合理成分，阿里·法拉比就是其中一位代表。他的宗教观可以说是中立的，因为他与上述哲学家不同，他把宗教看作一门"重要的政治艺术"，借助这门艺术能够调节社会中的道德权利关系。

明确了阿里·法拉比在思想斗争中的立场后，我们想特别提请大家注意"宗教"这一术语。阿里·法拉比在所有著作中都使用了这一术语，因为这一术语包含了大量信息。

阿里·法拉比用"米莉亚"一词标记宗教这一术语，尽管阿拉伯语中还有另一个词"丁"。这两个术语都在《古兰经》中广泛使用，但"丁"的使用频率更高（据《古兰经》专家统计，约有 100 多次），而且被用于表示多种意义："风俗""报答""评判""宗教"等。"丁"是一个普遍概念，既适用于伊斯兰教，也适用于犹太教、基督教和多神教。

"丁"在《古兰经》的基本含义与古兰经最重要的思想"服从于阿拉真主及其权力"相关，而术语"米莉亚"的意义范畴较窄，该词译自阿拉伯语，意思是"宗教"或"宗教团体"，主要与"乌玛"（社团）一词相关。

阿里·法拉比采用"米莉亚"这一术语并非偶然，因为他想用这样的方式尽可能在"非宗教科学"的语境下描写宗教，非宗教科学是他"科学划分"中的组成部分。然而，应该看到，在《非宗教科学》一章中，阿里·法拉比有意识地绕过宗教主题，仅将穆斯林权力（费科赫）和阐释宗教教义的神学（伊尔木·阿里·卡拉姆）作为研究对象。

因此，宗教并不是阿里·法拉比创作中的专门研究对象，这一点也可以通过他的科学划分中并没有给宗教留出位置来断定。不过阿里·法拉比写过一部宗教方面的著作《论宗教》。这部著作的内容从本质来看，与其说是为了阐明宗教思想，不如说是为了阐释社会政治性问题，阐释"非宗教科学"问题。在这部著作中，宗教，又不仅仅是宗教，而是阿里·法拉比所说的"合乎道德的宗教"，被赋予帮助哲学来达到既定目标即获得最大幸福的作用。阿里·法拉比总结说，"一个国家不可能没有共同的宗教信仰，他们需要共同的宗教信仰来统一国民的见解、信念和行为，来联系和组织国家的各个部分"。

阿里·法拉比的这种宗教观还认为，对于那些不善于理性思维的"普通大众"来说，很有必要用神赐规则这种简单的、可理解的方式来表现社会生活规范与社会行为准则。

阿里·法拉比在《论宗教》一书中首先界定了"宗教"这一概念，他的这一概念从根本上区别于《古兰经》和许多神学著作中的类似概念。阿里·法拉比认为，"宗教是由第一首领为大众拟定的条件所规定的观点与行为。借助宗教，大众可以达到既定目标。所谓大众包括部落、城市和边疆，又或者是一个大民族、多个民族等"。要想更加准确地理解这一定义，首先需要诠释关键词，我们认为，这些关键词可以更加清晰地反映出阿里·法拉比的宗教观。

由于将宗教定义为"观点与行为"，所以阿里·法拉比认为，宗教与哲学一样是由理论与实践两部分组成的，也就是说，宗教分为系统阐述宗教信条的教义学与宗教仪式两部分内容。

宗教理论旨在研究诸如神的存在、创世、创世者与被创者的联系与关系、神的预言与神的启示等问题，宗教仪式则主要研究品行端正的行为和"每个人本身及与他人相互关系"中的合乎道德的行为。在研究这些问题时，阿里·法拉比所说的宗教并非某种具体的宗教，他既没有引用伊斯兰教，也没有引用他所知道的其他宗教体系，只是作为一个学者客观而公正地阐述了自己的观点。

根据阿里·法拉比的见解，"观点与行为是由'第一首领'带给人的"。我们来解释这个句子。这里是指，宗教通过"观点与行为"传递给人，在这些观点与行为中，可以清晰地观察到宗教所固有的关于神的启示的观念，神的启示给人传达着人对神及人对他人的态度的指导性原则。

提到"第一首领"这个术语，可以认为阿里·法拉比用形而上学的方式，根据宇宙构造模型解释社会结构。"第一首领"对人类社会发展的影响微观地反映了第一存在对宇宙秩序发展的影响。这种解释世界图景的方法在阿里·法拉比的专著《理想国居民观》与《国民政治》中已有提及。

同时，阿里·法拉比还写到，"借助宗教大家达到了既定目标"。这里出现了两个问题："既定"是怎样产生的，又是谁来"既定"的呢？这些问题的答案应该在阿里·法拉比的辐射理论中可以找到。根据辐射理论，人是神的实质的一部分，有着返回神的实质的目标，而这就是阿里·法拉比所说的人要获得的"最大幸福"。

阿里·法拉比在思考宗教问题时，总是将宗教与哲学进行比照，而且常常会提到这样一种思想，即宗教在理想国的构建大业中非常重要，但"绝非专门为哲学家或那些通过哲学来布道的人所用"。与宗教相比，哲学在阿里·法拉比的创作中占有优先地位。

阿里·法拉比将哲学定义为"仅以达到美为目标的艺术被称为哲学，或绝对智慧"，将哲学家定义为"该词绝对意义上的特殊人群"。宗教相对于哲学来说，"尽管也掌控着人类的思想"，"但与哲学相对"，"宗教与哲学对立到什么程度，宗教教徒与哲学家们就对立到什么程度"。

因此，宗教与哲学无论从理论宗旨上，还是实践目的上，都是完全对立、互不相容的，因为按照阿里·法拉比的观点，哲学与理性思维和科学的认知方法相关，而宗教借助"想象与信念"教人们思辨。

阿里·法拉比关于宗教的论述中常常会使用一个术语"合乎道德的宗教"，这个词可能也是他首次引入科学术语的。那么究竟什么是"合乎道德的宗教"呢？根据阿里·法拉比的观点，"合乎道德的宗教"是指那些能够在理论哲学中找到论证，且不用论证就能被宗教所接受的观点。这些观点可能是真的，也可能是类真的，这取决于所使用哲学方法的哲学的真伪。

阿里·法拉比认为，"合乎道德的宗教"在社会中作为一种人认识周围世界、认识自我的必要形式是非常必要的。但这种合乎道德的宗教应该与哲学一起使用。阿里·法拉比断言道："合乎道德的宗教类似于哲学，因为哲学证实了合乎道德的宗教的内容。"

阿里·法拉比将宗教置于哲学的从属地位，并论证说理论知识领域的主导地位是属于哲学的。阿里·法拉比相信，哲学不是"神学的附属"（中世纪基督教哲学曾起到"神学附属"的作用）。根据阿里·法拉比的观点，哲学是对世界完全相符的理解，从实质上比宗教更具"第一性"，宗教只是对世界具有象征性形象的表达。

在指出哲学作为最真实可靠的知识的优越性的同时，阿里·法拉比抬高了哲学思想家在所有其他"特殊人群"中的地位，"绝对意义上的哲学家大都被看作是最与众不同的，在他之后依次排列的是雄辩家、诡辩家、立法者、穆台凯里姆派和游方苦行者"。

阿里·法拉比认为，只有本质上拥有相应天赋并且有必要准备的人，才有能力成为哲学家。哲学家同时应该受到"适合他自然禀赋的规则与习俗的培养，应该拥有宗教观中的正确信念……和遵循合乎道德的行为"。此外，哲学家不论是否接受宗教，都应该弄清宗教教义，遵守宗教训诫。

在将宗教与哲学进行对比时，阿里·法拉比研究了两者产生的原因。他认为，哲学与宗教之所以出现，是因为人们在掌握"实践艺术"后，发现有必要弄清周围物质与现象的原因。人们追求这一愿望的思想逐渐经历了由简到繁的发展过程，在经过一系列阶段后，人们掌握的知识从不太可靠的知识逐渐升华为较为可信的知识。最初人们使用论辩的修辞方法，后来在相互论争时，开始习惯于诡辩法或辩证法。但这些方法仍不完善，在探寻更加完善的方法时，人们逐步走向基于论证包罗万象的实践哲学与理论哲学。

阿里·法拉比认为，宗教比哲学产生得晚。他是这样来论证这一观点的："……哲学先于宗教就类似于（武器的制造）先于武器的使用。辩证法与诡辩法先于哲学就像种树先于结果，或是类似于开花先于结果一样。"在推断到底是哲学还是宗教是"第一性"时，阿里·法拉比总结到，哲学先于宗教。但事实上他也意识到，宗教出现在哲学产生之前，关于这一点他具体而详细地在《幸福之道》一书中有过论述。需要指出的是，阿里·法拉比在说到哲学的第一性时，完全不是指哲学与宗教产生的历史或历时顺序，而是指出了哲学先于宗教的重要意义，哲学不仅先于"伪"宗教，甚至先于"合乎道德的"宗教。

阿里·法拉比在《字母书》中阐述了一些关于宗教的很有意思的思想。他指出，在一定情境下，宗教与哲学可以和平共处，但在二者之间发生尖锐冲突的情况下，立法者和统治者则需采取干预措施来消除二者的对抗与冲突。

阿里·法拉比关于三类宗教信徒的论断，因其准确性及现实性令现代社会感到震惊。第一类宗教信徒平静而自然地接受宗教教义。第二类宗教教徒被阿里·法拉比称为"被宗教吞没了的教徒"，即今天所说的宗教狂热者。第三种教徒可以说是最危险、最没道德的，他们利用宗教获取名利。

在将宗教置于哲学的从属地位后，阿里·法拉比断言，理论知识领域的主导地位是属于哲学的。他认为哲学不是"神学的附属"（中世纪欧洲曾有这样的看法），而是与现实世界完全相符的理解，从实质上来说先于宗教出现。宗教在阿里·法拉比看来只是对周围世界的象征性形象的表达。

现代社会发展的一个基本问题就是要形成对宗教的正确态度，使人们了解宗教的真正价值，从而摆脱摧毁人的灵魂与社会的伪宗教价值。从这个意义上讲，阿里·法拉比的宗教观是非常值得借鉴的，也是非常典型的和有益的。我们认为，每一个走上宗教道路的人，都能够在阿里·法拉比的学说中找到明智的解法，来解决困扰自己的那些问题。

在一个城邦里，人与人的合作是为了互相帮助来获得真正幸福，这样的城邦是一个合乎道德的城邦，一个民族在其所建的城邦里互相帮助以求获得幸福，这样的民族是合乎道德的民族。以此类推，如果各民族都能为获得幸福而互相帮助，那么整个世界是一个合乎道德的世界。

—— 阿里·法拉比

第九节　社会伦理观

阿里·法拉比关于社会与国家的看法在他的世界观中占有重要一席。作为柏拉图和亚里士多德的追随者，他并非是一个不问政治的思想家，也不会对社会生活中的现象漠不关心。他反复在思考的是，完善的人类社会应该是什么样的，该用什么样的教育培养人，使其能够为这种体制、为维护这种社会生活而做好准备。

自从阿里·法拉比的社会伦理学说构建以来，已经过去很多个世纪了，但他的思想在很多方面依然保留着重要价值，并对现代社会具有重要意义。阿里·法拉比的社会伦理观反映在一系列著述中:《国民政治》《国务活动家的名言警句》《理想国居民观》《论幸福的获得》及《幸福之路》等。

阿里·法拉比的主要思想与亚里士多德一样，认为人的本质属性为社会性，人只能与他人共同存在，在集体中存在。根据他的观点，国民的需求是各种各样的，但每一个个体满足这些需求的能力是有限的:"每个人天生如此，为了自己的生存和达到最高级的完善，人需要很多东西，但这些东西一个人无法为自己提供，为了获得这些东西，人需要某种由很多人组成的团体，在这个团体中，每个个体只能提供某种东西，但组合在一起就可以彼此满足需求。"也就是说，为了满足自己的需求，人不得不去寻求别人的帮助。阿里·法拉比认为，人的生命需求在人身上形成了人对人际交往的追求，正如哈萨克名言所说：人与人之间的关系是相互的。

不过，人与人的联盟可能是完善的，也可能是不完善的。关于这个问题阿里·法拉比在《理想国居民观》中作了阐释。

阿里·法拉比将完善的社会分为大、中、小三种。大社会指所有地球人的社会总和，中等社会指一定地域内的人组成的团体，小社会则指一个城邦的居民组成的团体。

根据阿里·法拉比的观点，首先可以获得最大幸福和最高完善的是城邦，而不是处在更低完善层次上的社会群体。后者指村落、街区、街道或一栋楼的居民等。由阿里·法拉比按照严格的逻辑顺序勾勒出的这种社会体系，是这位学者从整体与部分概念的相互关系出发，进行逻辑思考的结果。

阿里·法拉比认为，最完善的社会形式是城邦。城邦这个概念在这里不仅指现代观念中作为行政区域规划单位的城市，而且指国家和社会团体。

阿里·法拉比社会伦理学说中的核心理念是理想国（合乎道德之城——译者注）思想，只有理想国的人们才会获得真正的幸福。

志同道合的人们联合起来对建设理想社会的追求，一直是人类所有伟人的理想，哈萨克的思想家们也不例外。在这里，我们要特别提到被瓦力哈诺夫（哈萨克民主主义启蒙思想家——译者注）称为草原第一哲学家的"忧郁的阿桑"的思想。阿桑因为时常思虑和困惑怎样为未来的哈萨克找寻最好的土地问题，被人们称作Қайғы的阿桑（Қайғы指忧郁、忧伤）。我们发现，他的"黄金国"思想后来成了独立的哈萨克汗国的建国思想基础。

"黄金国"是哈萨克人梦寐以求的土地。我们认为，没必要解释土地历来是哈萨克民族生存的基础。忧郁的阿桑幻想着，在自己固有的土地上，哈萨克人能从不必要的种族内讧和相互妒忌中振兴起来，团结一致。阿桑关于哈萨克民族和谐统一的思想和关于幸福生活的观点，与阿里·法拉比理想国思想基本吻合。而"永恒的国家"这一思想是对天才的"黄金国"和"理想国"思想的逻辑延续，这是哈萨克斯坦总统纳扎尔巴耶夫在致哈萨克斯坦人民的题为"一致的目标、一致的利益、一致的未来"的咨文中提出的。

为了正确理解阿里·法拉比理想国思想，我们来分析一下"善良品质（合乎道德——译者注）"这一伦理学范畴。

在《幸福之路》中，阿里·法拉比将幸福比作人能获得的最高财富。人只有借助善良品质才能获得幸福。这是阿里·法拉比伦理学的基本原理。

阿里·法拉比在《亚里士多德伦理学注解》中所关注的要点是真正的幸福只在我们的世界存在，"只有极不明智的人才会认为，真正的幸福处于地球之外"。尽管穆斯林关于幸福在阴间的观念占主导地位，但阿里·法拉比坚持认为，真正的幸福在人间就可获得。

那么什么是幸福，怎样才能在人间获得幸福呢？诚如上述，阿里·法拉比将通往幸福之路与善良品质相联。

阿里·法拉比认为，善良品质是人最优秀的道德品质。善良品质一词的词根为"善良"。

日常生活中，人不得不在善恶之间做出选择。人的行为只有在选择善时才是道德的。同时人应该经常自觉地做善事，而不仅仅是偶尔为之。而且，在做了善举之后，人不应该等待赞美、感激或报答，否则善就会变成自己的对立面——恶。

我们效仿阿里·法拉比本人的论述逻辑，通过性情与尺度两个概念来分析一下善良品质形成的过程。

新生儿的智力是一种处在潜能状态的纯粹能力。人的这种与生俱来的状态被阿里·法拉比称作自然状态。阿里·法拉比指出，人不是天生就能辨别善恶美丑的。孩子生下来并不高尚，也不卑劣。他只是具有这样的倾向。人在生活过程中才习得善良品质或不端行为。

阿里·法拉比指出，随着年龄的增长与生活经验的获得，孩子重复着成年人善与恶的行为并逐渐形成自己或好或坏的秉性。

在阿里·法拉比看来，温和是最好的脾性。他依据柏拉图和亚里士多德的观点，将温和定义为两种极端状态之间的中间状态。不遵守尺度会导致生理与心理疾病。而且，只有保持好尺度才能达到并保持生理与心理的健康。根据他的观点，要获得健康，必须要饮食有度，劳逸结合，同样，心理健康也是在适度的行为中获得的。身体的完善就在于健康。有了健康，就要尽量保持和巩固它，如果没有健康，就必须努力获得健康。

阿里·法拉比很有意思的一个见解是，"偏离尺度意味着不及或过度。饮食超出或不及应有的量，就无法保持健康。适度的劳动能为人带来力量，但过度劳累或懒于劳作则会使人丧失气力，变得虚弱"。

同时，阿里·法拉比还阐释了获得并保持好性情时应遵守的尺度，他写到"好性情是心理健康的标志，坏性情是一种心理疾病，但它与身体疾病一样可以消除"。

性情需要时常完善。阿里·法拉比将完善称作"智者发展的永久过程"。

阿里·法拉比的这些论断能让现代人好好反思自己的生活方式。现代人追求身体的完善，却忘记去完善自己的性情与生活方式。

在《柏拉图"法律篇"的实质》一书中，阿里·法拉比指出，有教养的人必须强迫自己轻视一切超出适度框架的东西。类似过度兴奋、放肆大笑、极度悲伤的状态，在他看来都不是一个有教养的人应有的状态。

所以，阿里·法拉比依据柏拉图与亚里士多德的思想，将善良品质定义为两种极端状态之间的中间状态。

例如，英勇是冒失与胆小之间的中间状态，慷慨是吝啬与浪费之间的中间状态，机智则是对玩笑的适度使用。"适度玩笑是机智，过度玩笑则是哗众取宠，从不开玩笑便是缺乏幽默感。"

我们认为，阿里·法拉比关于友谊的论述非常值得现代人借鉴。

他指出，友谊是一种很好的道德品质，产生于人与人的适度交往中。交往中过度殷勤会让自己显得奴颜婢膝，而殷勤不足又会显得傲慢无礼。阿里·法拉比认为，如果交往令人不快，那这就不能称为友谊。

阿里·法拉比总结说，要把握好尺度是很难的，但人应该努力去做。

阿里·法拉比将善良品质划分为伦理学的善良品质和智能伦理学的善良品质，或称为智力的善良品质。他将适度、英勇、慷慨和公平划归到伦理学的善良品质中，将智慧、领悟和睿智划归到智力的善良品质中。

于是，我们发现了阿里·法拉比伦理学中最重要的一点：走向真正的幸福需要拥有所有这些善良品质。此外，他将合乎道德（具有善良品质——译者注）的人称为天生自由人。

与此同时，阿里·法拉比根据是否通情达理和人的气质性格将人划为三类。第一类是天生自由人，他们通情达理、坚决果断。第二类人不具有这两种品质，被阿里·法拉比称为野兽型人。第三类人是天生奴隶型，他们通情达理，但不具有坚决果断的品质。

阿里·法拉比总结说，真正幸福的人是天生自由型人。

在这里我们看到阿里·法拉比体系中最重要的观点：人们只有在理想国（合乎道德的之城——译者注）才能达到真正的幸福，此外别无他处。

阿里·法拉比将理想国界定为"人与人联合以求互相帮助来获得真正幸福的城邦"。理想国与其他人类社团的区别，就是在理想国人们为获得真正幸福而合作。与世隔绝、孤家寡人都不能使人幸福。

阿里·法拉比认为公平是理想国的基本原则。公平把特别的工作与特别的地位带给每一位国民。理想国用公平主导合作，这一定能使国家各部分紧密团结起来。

理想国是一种最佳国家体系，具有政治组织与道德组织的特性，有利于保障国家去解决各种问题。在理想国，人们不会消极地等着"巩固内心那个天生就追求幸福的部分（指思维力或理智）"。理想国基于一种等级体系。等级体系不仅意味着领导与被领导的关系，也意味着和谐与均衡。这体现了穆斯林在社会国家制度问题上的世界观，也是所有传统社会所固有的。

此外，理想国的等级性反映了宇宙秩序的客观性，这实际上也是人世间秩序的反映。阿里·法拉比认为，人世间的生活应该反映宇宙的美妙和谐，因为社会发展的规律与存在的永恒规律相连。根据他的观点，不懂得人世间和谐的秘密，就不可能构建完善社会。

至于说到理想国居民的作为，那么他们中的每个人都应该终身只从事一项工作："理想国的每个人都应该掌握一门手艺，承担一份工作，这份工作要么在服务层面，要么在领导层面，但不应该超出这个范围。最终，每个人都将达到自己所从事工作的最大完善。"

阿里·法拉比的理想国与非理想国是对立的，非理想国分为三类："无知国""卑劣国"和"迷途国"。

按照阿里·法拉比的观点，无知国的居民没有关于真正幸福的概念，也不知道通往幸福之路。无知国的居民只知道那些表面看起来是财富的财富，比如身体健康、钱财、享受、醉心于激情的自由、恭敬和伟大等。

这些财富中的每一种财富都是无知国居民所理解的幸福，而他们所谓的最大幸福无非是上述财富的总和。那么相应地，他们眼中的不幸则是身体的疾病、贫穷、无法享受、不能追随自己的激情和得不到恭敬。

"无知国"的变体为"必需国""交换国""卑鄙国""虚荣国""贪权国"和"好色国"。阿里·法拉比对此作如是描述：必需国居民只追求局限于那些维持生存的必需品：食物、水、衣服、性和为此展开的互相协作；交换国居民互相帮助是为了获得富裕和财产，这是他们追求的生活目标；卑鄙国或不幸之国的居民看重精神享受，追求各种形式的快活与消遣；虚荣国居民希望受人敬仰，被人夸赞，因为自己的言行而出名；贪权国的居民渴望征服别人，而自己不希望被人征服，他们努力追求胜利带来的喜悦；好色国的居民希望他们中的每个人都能够自由地做自己想做的事，不让任何戒律来抑制自己的激情。

下面我们来看卑劣国与迷途国。

"卑劣国知道幸福、真主、至高无上的神、活动智力和二次教育，也就是知道所有理想国居民所知道的，但卑劣国居民的行为却和无知国一样。"这意味着，这些人有着关于存在起源、真正幸福和幸福之道的正确概念，但他们却在现实生活中完全是另外一副样子，与这些观念完全相悖，这样的人被阿里·法拉比称作卑劣之人。

阿里·法拉比所说的迷途国是指，那里的居民认为幸福是死后之事。他指出，这些人关于神、存在和幸福的观念是如此的错误，以至于无法成为笃信宗教的基础，换句话说，这些有着不正确的幸福观的人被阿里·法拉比称作迷途之人。

在分析完上述情况后，我们可以明确理想国的概念。

理想国与"必需国"不同，必需国的居民联合起来是为了采集所有的生存必需品来维持身体的需要，而理想国居民则追求精神的完善。

理想国与"交换国"不同，交换国居民追求富裕与财富，而理想国居民懂得，精神财富才是最主要的，重要的是要拥有理智的、符合伦理的善良品质，只有凭此才能获得真正的幸福。

理想国与"虚荣国"不同，虚荣国居民互相帮助是为了获得别人的恭敬，而理想国居民互相帮助是为了获得真正的幸福。

理想国与"贪权国"不同，贪权国的存在是为了一些人能用某种方式去奴役另外一些人，而理想国的每个人可以根据自己在社会中的作用拥有自己的一席之地。处在理想国社会等级体系最高层的是理想国的头领，位列其后的是"第二领导人"，他根据头领自觉规定目标来完成相应行为。再往下是那些被领导的人，包括演说家、测绘者、军人和富人。在理想国，每个人都应该终身做同一件事，以便在其中达到最大化的完善。

根据划分逻辑，"无知国"是指其中完全没有这样的幸福概念，相应地也没有追求这种幸福的行为。这样构建的分类明显表明，理想国是一种人与人的联盟，这些人拥有关于真正幸福和通往幸福之路的准确知识，并根据这些知识采取相应的行动。

伊格纳杰恩科在《探索幸福》一书中直观地呈现了阿里·法拉比对社会的划分：

幸福观	无知国	卑劣国	迷途国	理想国
懂得真正的幸福	0	+	-	+
根据关于真正幸福的知识而采取行动	0	-	-	+

图 1-1　阿里・法拉比关于社会划分原则

（+）—— 存在幸福的真正知识并以获得幸福为目标采取正确行为

（-）—— 关于幸福的观点错误并以虚幻的幸福为目标采取错误行为

（0）—— 没有关于幸福的知识和以获得幸福为目标的行为

阿里・法拉比认为将社会划分为"理想国"和"无知国"的依据是这些社会所追求的目标。正确设定目标有助于幸福的获得。同时，阿里・法拉比断言，不仅目标要正确，而且达到目标的手段也要正确。最理想的状态就是能够美好而恰当地达到目标。

显然，对"无知国"的描写是阿里・法拉比对中世纪社会制度与道德状态的一种独特的反抗。与此同时，在各种类型的无知国中可以看到一些恶习，这些恶习不仅是中世纪社会的特点，也是所有社会的共有特点，这些恶习包括无知、贪婪、贪权和无所事事的生活方式。遗憾的是，这些恶习也是现代社会的特征。

在阿里・法拉比的社会伦理学中，他对理想国头领的阐述占有重要地位。理想国头领"是一个不受任何人支配的人"，阿里・法拉比将其称为伊玛目（穆斯林国家集教权与政权为一身的最高统治者——译者注）。这不足为奇，因为中世纪社会世俗权力与宗教权力都集中在一个人手中。这个人用现代话来说就是"领袖"。领袖们总是凭借独到的逻辑思维、英勇精神和很高的道德信念在人类历史上不断起到一定的作用。

根据阿里・法拉比的思想，理想国头领应该拥有特别的领导品质。他将这些品质分为先天与后天习得两种。

阿里・法拉比指出，理想国头领应该拥有 12 种先天品质：

1. 有绝对完善的器官，这些器官的力量很适合完成他们应该完成的行为，所以如果这个人想借助某个器官来着手做某事时，他都能轻而易举地完成；

2. 能很好地理解和认清所说的事情，拥有敏锐的头脑和先见之明，所以，当他发现很小的征兆后，能迅速抓住这个征兆的所指；

3. 能够毫无遗漏地记住所闻所见和所思所想；

4. 拥有很强的表达能力，能够清晰地阐述自己的观点；

5. 爱学习，好认知，也很善于做到这些而丝毫体会不到学习的辛苦与折磨；

6. 饮食有节，性事有度；

7. 从本性上回避游戏，厌恶游戏产生的满足感；

8. 自尊自爱，内心天生高于凡夫俗事，天生好追求崇高事业；

9. 鄙视钱财和其他世俗生活的代表物品；

10. 天性好公平并衷心维护公平，憎恶不公平和暴政，以及造成这一切的人；

11. 不偏执，不在公平面前任性，但在一切不公平与卑鄙勾当面前意志坚定；

12. 在完成自己认为必需的行为时表现果断坚定，同时勇敢、无畏，不害怕，不退缩。

所谓理想国头领的后天习得品质，阿里·法拉比是指他借助想象力和后天获得的理智与活动理智相连的能力，因为公正的法律、头领人有益的言行并不来源于他本身，而是由活动理智授意的。

阿里·法拉比认为，所有上述品质融合在一个人身上是很难的，因为能天生拥有这些品质的人十分罕见。因此他认为，拥有前六条或前五条品质的人就可以成为理想国头领。

根据阿里·法拉比的观点，排在头领之后第二位的可以是从一出生就能实现上述品质的人和那些长大后拥有以下六种品质的人：智慧、超强记忆力、创造力、洞察力、体力和语言表达能力。

阿里·法拉比认为，就像人体的各个器官从本质和功能上各不相同一样，社会联盟的成员们也会各有特点。人体的最末等器官是完全没有支配能力只有从属能力的器官，因此一个国家最末端的就是那个以服从命令和执行命令为唯一目标的阶层。

阿里·法拉比将理想国头领与人体主要器官心脏作比较。心脏是所有身体其他器官存在和相应布局的基础。如果某个器官衰竭了，整个机体的生命不会终结，但如果心脏"罢工"了，那么人就会死亡。

阿里·法拉比所说的心脏不仅是生理概念，而且是哲学概念，是一个与"内心"类似的概念。通过它，也多亏了它，人的精神世界才能表现出来，人与他人、与社会、与自然、与神的联系才得以实现。阿里·法拉比为心脏补写了所有的意识功能：思维、意志、感觉、爱与良心。此外，在他看来，心脏是生命、精神和灵魂的中心。它是人的情感源泉，是人感知爱恨与冷暖的源泉。如果心与神对立，那么心将"石化"和"僵化"。

阿拜也有类似论述："……ыстыққайрат, нұрлы ақыл, жылы жүрек…… Осы үш еуің басыңды қос, бәрін жүрекке билет…… Үш еуің ала болсаң, мен жүректі жақтадым"，意思是"意志、理智和内心……应该统一起来并服从于心脏……如果无法统一，我更愿意听从内心"。

大家都知道，阿拜曾力图创建"толық адам"（完善的人）的学说，这与苏菲派的"аль-инсан аль-камиль"相一致。阿拜将人界定为一种神创的物质，所以号召人们去追随神的足迹。

阿拜认为"人的力量在于人的理智与知识中"，这与阿里·法拉比的思想一致。与此同时，他号召人要爱神。同时，对神的爱应该是自觉的和理智的。而这首先是人的需要，而不是神的需要。

我们认为，阿拜的这些思想应该迫使那些狂热地，而不是有意识地信仰神的现代人去思考，迫使那些用神的名义掩饰自己所追随卑劣目标的现代人去思考。

善良与理智共同使人成为一种理智的物质，根据阿拜的观点，人不同于"死物"和面临最后审判时逃脱责任的"活物"。

阿拜认为，赋予人以理智，证明了至高无上的神对人的爱、他的善良与公平。人应该用爱回报神的爱，不去作恶而去成为公正和高尚的人。人应该用心去认识神、爱神，那样，圣容将在人身上显现。

下面我们继续阐述我们关于阿里·法拉比理想国的思想。需要指出，阿里·法拉比将理想国的头领与第一存在进行了比较，因为头领会用第一存在纳入宇宙和谐的秩序与条理来管理自己的国家。

如前所述，阿里·法拉比的理想就是知识与行为的统一，即关于真正幸福的知识与符合这些知识的行为的统一。因此理想国头领的任务之一就是让国民完善自己的行为，以保障获得幸福。

带领理想国居民奔向幸福的关键在于培养、巩固和保持他们内心的善良品质，因为善良品质（与恶习一样）都需要多次重复。我们认为，理想国头领的这项任务首先要求他能懂得人的内心，也就是说，他首先要懂心理学。

根据需要，理想国头领应该用两种方法来实现管理：首先是说服法，但针对"不能自愿按自己的意愿唤醒自己理智的闹事者和不顺从国民"可以采用强迫法。

理想国头领应该心怀爱心管理民众，因为这种情感能引起臣民的回应。在这种状况下，人善于在所做的事情中进行创造并达到最高点。

理想国头领在分配财富（物质和精神财富）时应该遵循公平原则。阿里·法拉比将公平与我们之前提到的"中庸""适度""尺度"范畴相联系。对公平的阐释借用自亚里士多德的《尼可玛可斯伦理学》。

按照阿里·法拉比的观点，公平不是均衡，而是"人获得符合自己地位与贡献的一份财富"，拥有这些品质时，理想国头领自然会成为所有其他国民效仿的榜样。

阿里·法拉比知道，让这些品质集中在一个人身上是非常难得的，所以阿里·法拉比容许集体领导，即统治者可以依靠自己忠实的、有才华的助手和顾问来进行统治。阿里·法拉比最终也质疑了自己的理想能够实现的可能性，因为他看到，要找到一个能够在自身融合所有上述品质的哲学家式的国君是多么的不易。正如我们所见，他是神权君主制的拥护者，即容许理想国实现集体领导。

下面，我们来总结阿里·法拉比的社会伦理学说。

阿里·法拉比在人类的幸福与怎样创建人的联盟之间建立起紧密联系。他坚信，只要好好地设计幸福，理智地引导人的生活，幸福是可以获得的。这样理想规划的人的联盟就是理想国。

最大财富与最大完善首先是城邦，而不是处于低级完善层次的社会组织。

—— 阿里·法拉比

第十节 作为智慧城（Smart City）模式的阿里·法拉比理想城邦

阿里·法拉比追求与探索幸福和完善之路的思想在每个时代都具有现实意义。社会在自身演变发展的每个阶段都在努力完善人与人、人与周围世界的相互作用。正因为如此，我们今天仍需关注阿里·法拉比道德完善哲学的主要公理，他的这一哲学思想体现着人文主义文化的深刻根源。我们的任务不仅在于介绍阿里·法拉比这位伟大的突厥思想家的社会活动轨迹，及其基本哲学思想与科学观点，更重要的是能够在现实生活中体现出这位伟大学者所孕育的真善美与公平正义理想，而这些思想至今仍激励着整个人类社会。

本书第一部分以基于阿里·法拉比理想城邦（合乎道德之城——译者注）的"AL-Farabi University Smart City（阿里·法拉比大学智慧城）"作为结尾绝非偶然。几个世纪以来，高校的理念总与为学生传授知识、培养学生的高尚品质、培育真正的当代人才相关。高校这一崇高的社会使命一直延续到今天这个社会范式与信息技术急速变化与发展的时代。新技术将世界引入新的发展轨道，该轨道中的信息社会在今天开始被"smart（智慧）"一词标记：smart—交通，smart—卫生，smart—能源和 smart—给养。建设"智慧"基础设施，采用"智慧"技术已成为现代国际大都市发展的基础。比如在首尔，市民遭遇车祸的概率更低，而乘车抵达目的地的速度更快，这得益于首尔市完善的路况管理技术；在香港，市民只需一张卡就能实现购物、停车和乘车付费；在东京，市民通过使用漏水传感器就可以享用低廉而稳定的用水。

哈萨克斯坦首都阿斯塔纳市目前也在努力争取进入全球智慧城前50强，其中一项重要举措就是计划举办 2017 年阿斯塔纳世博会，在此次博览会上将展出未来能源生产与使用的最新技术。

智慧技术在社会生活中具有重要意义，全世界越来越多的高校开始采用智慧教育、智慧图书馆和智慧校园等方面的规划项目。然而在智慧化的各种显著优势中，我们发现了信息技术的发展与精神道德领域的脱节。在所有的智慧项目中，借助科技成果创建舒适的生活条件成为片面追求的目标。这样一来，Smart City（智慧城）概念的含义就变得很狭隘，只表示通过使用信息技术来保障人们的生活质量，仅限于在住宅公用设施领域厉行节约并环保地使用基础设施体系，利用创新技术解决现代问题。

应当指出，在关注先进技术带来的正面效应时，还应看到先进技术的采用伴随着一定的价值观问题。一方面，现代技术在改变劳动性质的同时，也改变着我们的生活风格与思维方式，不断扩大着人的创造力，拓展着人的自主表达与周围世界相互关系的界限；另一方面，新技术逐渐成为社会发展的主导因素，从速度上超出了人的精神道德发展。社会道德水平与技术发展水平的不相称迟早会给人类带来灾难。新形势要求新的符合现代社会发展趋势的道德价值培养观念。

对这个问题的认识，促使我们这所以伟大的思想家阿里·法拉比命名的高校开展了题为"AL-Farabi University Smart City（阿里·法拉比大学智慧城）"的科研创新项目。该项目的思想基础就是这位天才学者所提出的理想城邦模式。依靠博大精深的精神价值和相互合作来获得最好的生活是理想城邦模式的基本特征，而这正是与现代契合的地方：21世纪大学城的环境状况不仅仅取决于完善的基础设施和富足的经费与物质资源，现代大学应该拥有很高的道德发展水平，有责任成为保障全民族精神价值产生的智力基地。"AL-Farabi University Smart City（阿里·法拉比大学智慧城）"项目的落实旨在创建一所具有现代发展形态的高校，在这所高校内同时可以保障各项活动中技术与道德两个层面的和谐发展。只有在二者协作的基础上，才有可能实现向大学城新的发展品质的转变，产生推动现代社会发展的新路径。

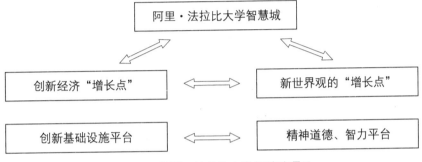

图 1-2　阿里·法拉比大学智慧城项目

　　哈萨克国立大学目前已具备保障该项目所设定任务完成的所有先决条件。近三年学校顺利推进了各项活动领域的现代化进程，在分类的基础上成立了院系，扩大了教研室。在追求有效管理体系最主要的特点即自动组织、自动调控的同时，学校正在建设基于结果、劳动等级评价、社会合作原则与反馈机制定位的管理体系。

　　哈萨克国立大学采用统一的社团网络、"E-campus"模型和智慧图书馆，促进了学校集体创造力、科研能力和职业能力的发展。为智慧学校模式批准的特殊场地是不久前新建成的大学生服务中心"Керемет（奇迹）"。这里是"理想（合乎道德——译者注）"之家，人们基于集体间的互相帮助、很高的伦理标准和社会责任，高质量地使用具有社会意义的服务新标准。"理想"之家的建设经验将在智慧学校模式的落实过程中进行推广。

　　如果没有能促进创新思维发展和新技术采用的相应基础设施，那么智慧学校就无法呈现。科学领域的想法应该尽快传递到生产领域并转化成产品。为此，哈萨克国立大学建成了"从思想萌生到其商品化"的技术走廊。这里有科技园区和商业孵化室，在利用国际经验的基础上创设了创新与生物医学两个研究组，负责将学校提升到国际水平。因此，哈萨克国立大学建成的科技平台是"AL-Farabi University Smart City（阿里·法拉比大学智慧城）"模式的一个重要组成部分，并已在这个平台的基础上创建了一个国家创新经济的"增长点"。

阿里·法拉比大学智慧城	
精神道德、智力平台	**创新基础设施平台**
1. 社团文化准则、学生声誉准则	1. 社团网络、E-campus
2. "照亮身边世界" "100 本书"	2. 安全监控体系
3. 教育辅导	3. 智慧图书馆
4. 落实正在进行的项目	4. 大学生服务中心——智慧城微模型
5. 专家观点	5. 科技园区、商业孵化室、创新组、生物医学组
6. 学生知识的独立评价	6. 创新技术园区《阿拉陶》发展的第三阶段
7. 劳动付费等级评定体系	
8. 学生的自我管理	
新世界观的"增长点"	**创新经济的"增长点"**

为了建设作为智慧模式不可或缺的精神道德环境，哈萨克国立大学引入了新的社团意识形态，其基础为教师社团文化准则与学生声誉准则。目前学校正在开展一系列项目，以便形成特殊的精神道德氛围，这些项目的任务就是要从质量上达到新的教育效果。

正如阿里·法拉比曾经指出的那样，教育的基本目的在于教人学会扬长避短。这位古代哲学家号召人们"追求善良品质，因为善良品质可以引领人通向幸福的高峰，要拒绝那些阻碍合乎道德社会建设的不良思想与邪恶品质"。

社会项目"Айналанды нұрландыр!（照亮身边世界！）"的目的就是让学生了解"善良品质"，在这个项目中，学校社团每位成员的任务是要成为光明磊落的人和有创造性思维的人。出于对人的崇高道德表现这一题目的思考，学生们积极参与辩论队组织的随笔写作大赛。参赛的每位学生如果能在日常生活中遵循勤劳、诚实、真诚、善良、持之以恒、责任心等价值观，那么他们都能为改善周围世界而做出自己的贡献。

众所周知，对年轻人进行精神道德教育的一个有效手段是让他们学习文学。著名学者、哲学家泽伊诺拉·卡不多罗夫曾写道："文学要讲良知。"文学对人类意识的影响力是巨大的，阅读能够培养有价值的人，形成人的道德目标。遗憾的是，今天书籍相对于其他高科技信息手段来说，已经丧失了自己的部分阵地，但书籍最重要的使命——"保留千年积淀的知识与经验并将它们传递给下一代"，依然具有现实意义。在校级项目"100本书"的框架下，我们列出了一个包括世界经典名著与国学经典名著的书单，要求学生在其中选择100部来阅读。通过阅读，学生可以实现自我培养，将自己的言行与主人公的言行进行比较，从而找寻榜样和理想，学习人类积累的经验，进而实现自我完善。正如哈萨克斯坦共和国总统纳扎尔巴耶夫敏锐地发现的那样："书是最有耐心的老师，也只有书能够教我们准确无误地认清善恶与真伪。"

人类幸福的主要条件是健康，俗话说，健康的精神寓于健康的体魄之中。为使健康的生活方式成为年轻一代的生活规范，学校正在实施"健康身体崇拜"项目，并在此项目的框架内采取系列综合措施，用体育运动的方式培养年轻人，使其努力成为健康、强壮和坚韧的人。阿里·法拉比认为生理完善和拥有健康的体魄是理想国头领的首要品质，这绝非偶然。只要意识到自己能够完善身体，战胜自己的柔弱，就能产生对周围世界新的感知和对自己力量的信心，并将努力使每件事迈向成功，为自己开创新的起点。复兴健康美丽的身体崇拜是全民族通往健康之路的基础，只有这样才能保障民族的竞争力。

面临现代挑战，稳定发展是人类全球化的趋势。稳定发展要求人们理解、认识并时刻准备用稳定性原则来解决现代经济、社会与生态问题，包括全球层面的问题，也包括区域层面的问题。在确定我国下一步的发展目标时，我国总统纳扎尔巴耶夫指出，"哈萨克将是一个稳定发展的国家"。同样，他也一直在强调，有必要培养青年一代的节约精神，追求节能生活方式的精神，以及追求完善、遵守秩序的精神。

"哈萨克国立大学——GREEN CAMPUS"项目在生态意识教育中起到了重要作用，该项目旨在使用"绿色技术"稳定学校对能源与水的需求。例如，学生可以加入学生分队"绿色的国家"来为生态环境的改善做出自己的贡献，这些小分队经常开展校园绿化、阿拉木图市的公园与绿化带翻修等工作。为支持我国总统提出的"节能发展的全球策略"和"绿色桥梁"这一倡议而发起的"代代相传的绿色桥梁"运动引起了广泛的社会反响，并得到国内外高校的有力支持。

关于高校在稳定发展中的作用，联合国秘书长潘基文号召高校要利用一切教育与科研能力，来确定人类稳定发展的新模式。哈萨克国立大学很荣幸地参与管理联合国全球 HUB "UNAI"（学术交流中心）和教科文组织中亚地区稳定发展的交流中心。学校学者研究制订了高效稳定发展模型计划，其基本标准和指标旨在培养具有生态思维的人才。此外，传播稳定发展世界观和提高符合时代要求的社会责任感的工作也在全面展开。

所有上述正在开展的项目，结合重建教育辅导、在人才培养中落实专家理念和发展学生自我管理能力，共同推动了阿里·法拉比哈萨克国立大学强有力的精神道德与智能平台建设，这正是学校新世界观"增长点"的基础。于是，哈萨克国立大学设立的两个平台，两个独特的"增长点"成了"AL-Farabi University Smart City（阿里·法拉比大学智慧城）"模式的支柱，该模式的思想基础就是技术与精神道德理念的共生。此模式将成为全球非人道主义化和现代人道德自我毁灭趋势下健康而文明的选择。在我们这项重要的社会事业中，阿里·法拉比是第一助手和导师，他创建的和谐哲学理念，从遥远的过去为我们送来了明智的建议与阐释。

　　这位伟大的东方思想家关于公平与仁爱社会的思想与我们民族"永久的国家"思想相一致，该思想主要强调哈萨克民族的幸福生活，以及哈萨克斯坦作为一个独立、繁荣的国家在世界地图上永远存在的信心。智慧高校是智力发达民族的保障，是提高一个国家人类资本质量的保障。只有在落实"AL-Farabi University Smart City（阿里·法拉比大学智慧城）"模式和广泛推广经验之后，我们才能在实现国家领导人设定的宏伟目标中做出自己应有的贡献，将哈萨克斯坦带入发达国家之列，建设我们的幸福家园。

参考文献

1. 阿里·法拉比:《哲学集》(阿语译本), 阿拉木图:科学出版社 1970 年版。

2. 阿里·法拉比:《逻辑学集》(阿语译本), 阿拉木图:科学出版社 1975 年版。

3. 阿里·法拉比:《历史哲学集》(阿语译本), 阿拉木图:科学出版社 1985 年版。

4. 阿里·法拉比:《音乐诗歌集》(阿语译本), 阿拉木图:科学出版社 1993 年版。

5. 阿里·法拉比:《字母书》,K.X.塔吉科娃翻译、加注、插文,阿拉木图:哈萨克大学出版社 2013 年版。

6. 阿里·法拉比:《选集》(阿语译本),阿拉木图:科学出版社 1994 年版。

7. 阿拜:《传世警句·话语书》(哈语译本),K.谢立科巴耶娃,P.谢塞恩巴耶娃,阿拉木图,1993。

8. 伊格纳杰恩科 A.A.:《探寻幸福》,莫斯科,1989。

9. 斯捷潘尼亚恩茨 M.T.:《东方哲学》,莫斯科,2001。

第一部分　讨论题及学习方法建议

讨论课一　阿里·法拉比的生平与创作

1. 阿里·法拉比的基本生活阶段。
2. 古希腊哲学在阿里·法拉比研究兴趣形成中的作用。
3. 阿里·法拉比的创作遗产及其在世界学术界的地位。

学习方法建议

请讲述阿里·法拉比的基本生活阶段，并关注他的老师与资助者。请说明亚里士多德哲学在阿里·法拉比世界观形成中的作用。

请阐释阿里·法拉比研究兴趣的实质，并说出他的学术创作中百科全书式的特点。

讨论课二　阿里·法拉比的认识论

1. 阿里·法拉比关于人的认识能力的思想。
2. 阿里·法拉比的"四种理智"学说。
3. 理性在阿里·法拉比宇宙起源辐射理论中的作用。
4. 阿里·法拉比关于理性的学说在现代人生活中的意义。

学习方法建议

请熟悉阿里·法拉比提出的人的认识能力形成的要点，并将其与亚里士多德的相关内容进行比较，指出阿里·法拉比观点的独特之处。

请阐释阿里·法拉比理智类型说的意义，总结活动理智的特点，说明阿里·法拉比关于理性的学说在现代认识论中的作用。

讨论课三　阿里·法拉比的逻辑学

1. 亚里士多德的逻辑学与斯多葛派哲学家对阿里·法拉比逻辑学思想形成的影响。

2. 作为认知工具的逻辑学。

3. 阿里·法拉比学说中的范畴与三段论。

4. 作为检测判断真伪工具的逻辑学法则。

5. 逻辑学在现代人生活中的作用。

学习方法建议

请解释为什么阿里·法拉比把逻辑学称为教人走上真理之路的艺术。

请总结阿里·法拉比在逻辑学中使用的必然知识判断法、辩证法判断法、诡辩术判断法、雄辩术判断法和诗学判断法的特点。

请注意不懂逻辑学及其法则的后果。

请以自己的专业为例说明逻辑学作为认知工具的作用。

讨论课四　阿里·法拉比的存在论

1. 阿里·法拉比本体论中的起源问题。

2. 阿里·法拉比的存在等级。

3. 阿里·法拉比存在论中"必要存在"与"可能存在"之间的关系。

4. 阿里·法拉比学说中作为高级存在形式的人的存在。

学习方法建议

请阐释阿里·法拉比存在论中对存在起源问题的论述实质，以及"必要存在"与"可能存在"之间的关系。为更好地理解这些问题，请分析柏拉图与亚里士多德，以及新柏拉图主义者普罗金和普洛克罗的本体论思想。

请注意阿里·法拉比是如何阐释神的概念及其固有属性的。

请解释阿里·法拉比辐射理论与可兰经创世说的区别。请特别关注阿里·法拉比学说中对人的存在的理解。

讨论课五　阿里·法拉比的语言哲学

1. 阿里·法拉比科学划分中语言科学的地位。
2. 阿里·法拉比《字母书》中"名称制定者"的作用及语言起源问题。
3. 阿里·法拉比关于外来词借用问题的观点。
4. 阿里·法拉比的语言哲学在现代哈萨克语研究中的作用。

学习方法建议

请论述阿里·法拉比科学划分中语言科学的地位。说明哲学与语言学分析语言时的区别。

请阐释阿里·法拉比所主张的语言起源约定论的意义。

请阐释"名称制定者"在语言及其词汇创立中的作用。请分析首批将古希腊哲学著作译成阿拉伯语的翻译家们的活动。

请尝试理解阿里·法拉比语言哲学对现代语言学的意义。

讨论课六　阿里·法拉比的自然哲学与现代科学

1. 阿里·法拉比科学划分中自然科学的地位。
2. 阿里·法拉比关于数学的内容与结构的论述。
3. 自然科学与神学在阿里·法拉比学说中的相互关系。
4. 阿里·法拉比医学哲学与生物学思想。
5 阿里·法拉比自然科学对世界科学发展的影响。

学习方法建议

请研读阿里·法拉比的自然科学论著并写出他的研究范围。

请评定数学作为研究物质的数量与空间关系的科学的组成部分的特点。请解释将几何学划分为理论几何学与实用几何学的划分原则。

请注意阿里·法拉比关于光学的定义。该定义与现代光学定义是否一致？

请讲述星体学的组成成分。阐释音乐作为通识科学的意义。请解释为什么音乐出现在数学科学中？请分析艺术方法学。

请列出自然科学与神学的区别。

讨论课七　阿里·法拉比的艺术哲学

1. 阿里·法拉比《音乐学大全》的基本思想。
2. 被阿里·法拉比看作音乐艺术初级形式的歌唱。
3 哈萨克歌唱艺术的基本类型。
4. 阿里·法拉比诗歌艺术规范与体裁。

学习方法建议

请说明阿里·法拉比《音乐学大全》的普世意义。

请陈述阿里·法拉比的音乐理论与音乐实践。注意有意识音乐演奏与无意识音乐演奏。描述哈萨克歌曲创作的基本类型。

请解释阿里·法拉比关于诗歌艺术著作的意义。

讨论课八　阿里·法拉比的宗教观

1. 阿里·法拉比《论宗教》一书的内容。
2. 阿里·法拉比的"合乎道德的宗教"。
3. 阿里·法拉比宗教与哲学的方法。

学习方法建议

请论述阿里·法拉比《论宗教》一书的内容。注意合乎道德宗教思想。

请总结阿里·法拉比著述中哲学与宗教的关系。解释一下为什么他更倾向于哲学并将哲学看作最可靠的知识。

讨论课九　阿里·法拉比的社会伦理观

1. 阿里·法拉比关于需求在社会产生中的作用的思想。
2. 阿里·法拉比的社会划分。
3. 城邦是最完善的社会形式。
4. 善良品质在获得幸福中的作用。
5. 阿里·法拉比的城市划分原则。
6. 理想国头领的先天品质与后天习得品质，以及现代领袖职责问题。

学习方法建议

请总结阿里·法拉比所描写的社会基本类型的特点，同时请注意完善社会与不完善社会划分的理由。请论证为什么阿里·法拉比认为城邦是最完善的社会形式。

请陈述阿里·法拉比伦理学学说的思想根源。请熟悉他的伦理学基本著作及其内容。

请注意通往真正幸福的善良品质的类型。请列出作为理想社会形式并能给人真正幸福的理想城邦的基本特点。

请阐述阿里·法拉比伦理学学说在哈萨克斯坦社会精神道德基础形成中的作用。请分析理想国头领的 12 种品质。

讨论课十　作为 "AL-Farabi University Smart City" 模式的

阿里·法拉比理想城邦

1. 城市在社会发展中的作用。
2. 现代 Smart City 的本质与用途。
3. 作为 "AL-Farabi University Smart City" 模式的阿里·法拉比理

想城邦。

4. 作为 Smart- 哈萨克斯坦基础的 "AL-Farabi University Smart City"。

学习方法建议

请阐述城市在社会经济与精神领域发展中的作用。

请对比分析现代著名的 "Smart City"。

请尝试解释阿里·法拉比理想城邦与科研创新项目 "AL-Farabi University Smart City" 的特点。

请陈述 "AL-Farabi University Smart City" 设置的基本原则。请讲述自己在 "AL-Farabi University Smart City" 建设中的作用。

自主学习题

　　《阿里·法拉比思想及其现实意义》的学生自主学习题是学生学习的原始资料，以下材料均由学生从老师推荐的阿里·法拉比著作清单中挑选而出。

自主学习原始资料清单

　　1. 哈萨克斯坦共和国总统纳扎尔巴耶夫面向哈萨克斯坦人民的国情咨文，2014 年 1 月 17 日。

　　2.《"哈萨克斯坦–2050"战略——有效国家的新政治方针》，阿斯塔纳，2013 年 12 月 14 日。

　　3.《历史潮流中的人民》，阿斯塔纳，2013 年 6 月 5 日。

　　4.《俄罗斯报》对纳扎尔巴耶夫总统的专访，2012 年 10 月 8 日。

　　5. 阿里·法拉比：《理想国居民观》。

　　6. 阿里·法拉比：《幸福之路》。

　　7. 阿里·法拉比：《语言科学》。

　　8. 阿里·法拉比：《逻辑学》。

　　9. 阿里·法拉比：《数学》，《算术》，《几何》，《光学》，《星体学》，《音乐》。

　　10. 阿里·法拉比：《物理学》。

　　11. 阿里·法拉比：《形而上学或神学》。

12. 阿里·法拉比：《学习哲学之前应该了解的东西》。

13. 阿里·法拉比：《第二导师的思想——阿里·法拉比关于理智（一词）的含义》。

14. 阿里·法拉比：《论两位哲学家观点的一致性——神一样的柏拉图与亚里士多德》。

15. 阿里·法拉比：《艺术与幸福的范畴》。

16. 阿里·法拉比：《亚里士多德〈形而上学〉一书的目》。

17. 阿里·法拉比：《对哲学家问题的回答》。

18. 阿里·法拉比：《逻辑学导论》。

19. 阿里·法拉比：《字母书》，第一章。

20. 阿里·法拉比：《字母书》，第二章。

21. 阿里·法拉比：《活动理智》，形式与物质。

22. 阿里·法拉比：《人类社会》。

23. 阿里·法拉比：《城市的类型》。

24. 阿里·法拉比：《论音乐》。

25. 阿里·法拉比：《论诗学艺术》。

26. 阿里·法拉比：《论诗学艺术规范》。

27. 阿里·法拉比：《论人体器官》。

28. 阿里·法拉比：《人对认知的追求》。

29. 阿里·法拉比：《非宗教科学、法学和宗教教义学》。

推荐阅读书目

基础阅读书目

1. 阿里·法拉比 :《十卷文集》, 阿斯塔纳 : 莲花出版社 2007 年版。
2. 阿里·法拉比 :《论文集》, 阿拉木图 : 阿雷斯出版社 2009 年版。
3. 卡西姆让诺夫·А.Х.:《阿布·纳斯尔·阿里·法拉比》, www.tex-tedu.ru。
4. 夏噶杰耶夫·А.В.:《东方逍遥学派》（即亚里士多德学派——译者注）, 莫斯科, 2009。
5. 哈萨克斯坦共和国教育科学部科学委员会哲学、政治学与宗教学研究所 :《东西方社会文化量度下的阿里·法拉比的创作》, 阿拉木图, 2012。

扩展阅读书目

1. 巴尔雷巴耶娃·Г.Г.:《哈萨克哲学中伦理学思想的演变》, 阿拉木图, 2011。
2. 布拉巴耶娃·М.С.等 :《阿里·法拉比的精神遗产 : 历史及现实意义》, 阿拉木图, 2001。
3. 杰尔比萨利·А.:《哈萨克草原的游戏参与者》, 阿拉木图, 1995。
4. Ｅｃｉｍ ｆ:《哲学史》, 阿拉木图, 2004。

5. 伊格纳杰恩科·А.А.:《探寻幸福》,莫斯科,1989。

6. Жэнiбеков Е.:《阿里·法拉比的物理观》,阿拉木图,1993。

7. 卡森木让诺夫·А.Х. 等:《伟大的东方思想家》,阿拉木图,1975。

8. 吉拉巴耶夫·Н.С.:《东方穆斯林的社会哲学》,莫斯科,1984。

9. Кэбесов А.:《阿布·纳斯尔·阿里·法拉比》,阿拉木图,2004。

10. 马沙诺夫·А.Ж:《阿里·法拉比》,阿拉木图,1970。

11. 哈萨克斯坦共和国教育科学部科学委员会哲学、政治学与宗教学研究所:《阿里·法拉比思想遗产与新一体化世界观的形成》,阿拉木图,2012。

12. 内桑巴耶夫·А.Н. 等:《阿里·法拉比与东方哲学的发展》,阿拉木图,2005。

13. 萨忒别科娃·С.Х.:《阿里·法拉比的人文主义思想》,阿拉木图,1975。

14. 塔吉科娃·К:《阿里·法拉比.〈字母书〉》,阿拉木图,2013。

第二部分

阿里·法拉比之智慧

书是最有耐心的老师

当今人类社会面临三个全球性问题：维护和平、保护民族精神与保护环境。这是今后人类能够继续存在的重要条件，三者缺一不可。这不仅对哈萨克斯坦未来的发展至关重要，而且对世界也具有重要意义。

如果我们现在不倾听智慧的呼声，那么哈姆雷特关于"是生存还是毁灭"的抉择将是我们面对的永恒话题。

科技在世界范围内大步向前发展，人类因此过度地开发与利用自然资源，徒劳地耗费自己创造性的精力，也就失去了前辈丰富的思想与创造文化的能力。

令人遗憾的是，目前我们还没有完全意识到这一点。精神与意识形态的真空使人们脱离现实，并将人类推向道义、道德与精神世界瓦解的深渊。

21世纪要求我们在共同的家园——地球上，共建和谐。

书自古以来就是神圣而崇高的，它是保护人类文化与精神世界强有力的武器。书能带给人类知识，提高人的文化素养。书中也保留着人类存在的各种奥秘。

　　书是人类思想智慧的结晶，让人感受到时空的气息。人类将自己的洞察力和打开心灵的能力赋予书。只有书才能教会我们如何向前发展，如何避免社会急剧变革，如何登上人生的顶峰。

　　书是最有耐心的老师。只有书才能使我们正确分辨善与恶、真与假。对善于思考的人来说，没有比书更加珍贵的了。

　　200卷的《AMANAT》系列杂志是阿拜国际研究中心献给哈萨克斯坦建国10周年的礼物。我们将书作为唯一完整的遗训留给年轻人，因为他们是祖国的未来。

　　我支持阿拜研究中心这一崇高的举动。对著名作家罗兰·谢伊辛巴耶夫《AMANAT》杂志的创刊并出版200卷的系列杂志表示由衷的高兴。

　　我相信，真正的爱国者都会支持、帮助他为民族文化与民族精神服务的追求。我希望，该杂志的出版能够满足读者的兴趣与需求。

　　祝贺哈萨克人民出版第一批《AMANAT》系列丛书，它是一部涵盖世界各国文学、艺术、历史、哲学、教育与宗教的百科全书。

　　热爱书吧，珍惜并忠诚于她！

　　　　　　哈萨克斯坦共和国总统　努尔苏丹·纳扎尔巴耶夫
　　2001年3月14日于阿斯塔纳，原为《AMANAT》系列丛书而作

伟大先辈的遗产

阿里·法拉比哈萨克国立大学全体师生以巨大的工作成绩热烈迎接80周年校庆的到来。值得一提的是，哈萨克人民在政治、经济及文化方面取得的成就与国家教育体制的发展、青年一代爱国精神的培养、尊重世界多元文化和世界公民精神的培养是密不可分的。

我们手中这本由阿布·纳斯尔·阿里·法拉比所著的《美德城》是这位伟大哲学家著述汇编增订的第一版，呈现给各位读者以供品评。在阿里·法拉比哈萨克国立大学80周年生日到来之际，我们出版了这位伟大先人训诫与格言的四卷本大开书，并以哈萨克语和俄语两种语言印刷。我们希望，这套书能够得到学者、大学生以及广大读者的欢迎与好评。

对民族文化起源的了解是非常必要的，但这必须在对世界历史的理解与自身发展、进化过程同时发生的基础上才能得以实现。突厥民族对人类的贡献是无法估量的，可以说哈萨克民族创造的遗产丰富了世界精神文化宝库，应该给予全面的研究。为实现这一目的，重视阿里·法拉比在科学、社会政治方面的成果无疑将具有重大意义。

世界范围内的研究者对这位伟大的东方思想家创作遗产的研究成果都有着浓厚的兴趣。阿里·法拉比对其之后文化的发展，特别是对东方与中亚民族文化、突厥文化、哈萨克文化的影响是多方面的、久远的。历史资料证实，阿里·法拉比出身于一个突厥部落的富裕阶层，后来该部落融入哈萨克民族之中。他出生于商贸与国际往来的聚集之地——讹答剌城，中世纪时这里曾是科学文化中心。

阿布·纳斯尔·穆罕默德·本·穆罕默德·本·吾孜拉克·本·塔尔汗·阿里·法拉比是伟大的"百科全书式"的学者，伊斯兰哲学的一颗耀眼明星，世界哲学史上的杰出代表人物之一。阿里·法拉比生活的时代距今已有几个世纪了，但他仍是世界公认的继亚里士多德之后的"第二导师"。他凭借渊博的学识与智慧成为世界知名学者，其著作价值更是无法估量的。

1991年，哈萨克斯坦共和国的著名大学——哈萨克国立大学以阿里·法拉比的名字命名。一直以来，学校在不断巩固国家高等教育体制领航地位的同时，还出色地完成了大量科研项目，有的已达到国际水平。近年来，阿里·法拉比哈萨克国立大学在世界主要大学排名中占据着应有的位置，地位在不断提升。

目前，阿里·法拉比哈萨克国立大学正在实施一项重大科学创新项目"AL-Farabi University Smart City"，该项目具有巨大的发展潜力与光明的未来。

现在，所有发达国家都在积极实施"Smart City（智慧城市）"工程，特别是在公共事业领域内。比如，利用信息通信技术保证城市居民的生活质量等。

我们这项工程的目的就是打造新型的大学——智慧大学，即以最新技术和精神道德价值为基础，用创新方法解决科学、教育与社会领域的问题。

实际上，阿里·法拉比的美德城就是"Smart City"的原型。在21世纪全球现代文明危机中，其美德城的想法是非常现代的，具有很强的现实意义。美德城的理想将成为这一工程最重要的人道主义道德指向。在全球非人道化和现代人类自我毁灭的趋势下，"Smart City"这一想法在阿里·法拉比的精神世界中是人类最健康、最文明的选择。

智慧型大学将是以后智慧城市与智慧哈萨克斯坦的基础，这必将助推哈萨克斯坦步入世界发达国家之列。

学者们认为，人的生活应该反映整个宇宙之和谐，并把社会发展规律与永恒的存在规律联系起来。为了建立以和平、友好和相互理解为基础的完美型人类社会，需要领悟自古存在的生存规则——具有奠基意义的自然界。不认识世界和谐的奥秘就不可能建设完美型的社会。阿里·法拉比完美型社会的主题就是以这种理念为基础的，幸福观是其伦理学学说最主要的范畴。如果没有广博的知识，没有对宇宙和谐与美好的认知，就不可能获得这笔财富。

阿里·法拉比认为，哲学的意义是巨大的，因为只有哲学之路才是通往幸福的正道，它不是各种教条学说的堆砌，而是一种充实并丰富每一代新人的智慧。

东方哲学向来有从精神导师、精神之根、精神价值与传统中寻求支持的传统。因此，对阿里·法拉比的著作进行研究对于认识前人文化理论遗产与当代哈萨克精神文化的相互关系方面具有重要意义。我们的目的是让读者了解阿里·法拉比的一系列思想，在世界文明全球化与一体化的背景下，其现实意义显而易见。

今天，位于欧亚大陆中央的哈萨克斯坦已成为技术创新的中心。在世界历史范围内深入研究世界观、精神世界、政治等方面的特点，适应主观意识的改变与全球化过程的前景成为我们现在的任务，用科学的历史哲学与人文社会的方法去探讨哈萨克民族的精神哲学传统也有着现实的必要性。毫无疑问，所有这些都要从社会进步、世界历史问题、民族自我意识发展、社会群体的进化和历史运动的积累等角度去理解。

阿里·法拉比的世界观是一个严谨的科学体系，涵盖自然科学、哲学、伦理学、政治学等各个方面。在当时来说，这是"第二导师"关于人类起源、国家组织机构、社会存在的各种形式、理性、行为伦理标准的独特论断。在尤素夫·巴拉萨坤、亚萨吾、穆罕默德·卡什卡尔等人的突厥语著作中，都能感受到这位突厥思想家纯理性的人道主义理念。阿里·法拉比建立起来的精神文化世界也是后来哈萨克草原上的两位伟大导师——阿拜和沙卡利姆思想形成的源泉。

阿里·法拉比的著作在 13—14 世纪被翻译成拉丁语和欧洲各国语言并出版。20 世纪 30 年代，在巴黎出版了他本人最有名的一本著作的第一部分——《音乐大全》，1967 年完整地出版了该书的阿拉伯语版本。哈萨克斯坦的"法拉比"学派从 20 世纪 70 年代起做了大量工作，将阿里·法拉比的著作翻译成哈萨克语和俄语，并印刷出版。这项工作至今仍在继续。

巴伯江·加福洛夫、阿尔都尔·萨加捷耶夫等著名的东方学学者，在 20 世纪 60—70 年代的苏联时期就积极地开始研究阿里·法拉比。哈萨克人民永远不会忘记这些为研究阿里·法拉比遗产而做出巨大贡献的学者们。

在这里不能不提到阿肯·卡斯姆然诺夫在研究阿里·法拉比中所起到的奠基作用。

阿里·法拉比著作中的观点直至今天仍没有失去其存在的价值。他关于国家管理、社会伦理与政治方面的论述对当代社会具有重要意义。

他的著作对中世纪和文艺复兴时期欧洲地区世界观的建立与科学发展有着直接的影响。像培根、司各脱、笛卡尔、莱布尼茨、斯宾诺莎等欧洲中世纪和新世纪的著名学者在自己的理论研究中也都引用了阿里·法拉比、伊本·西拿、伊本·路西德等东方思想家的观点。

阿里·法拉比是人类追求自我完善之路的航标，学者已将其列入中世纪与当今 21 世纪世界最杰出人物，哈萨克人民必须读懂这位伟大的思想家。

因此，请最优秀的翻译家将阿里·法拉比的著作翻译成世界各主要语言是刻不容缓的大事。我们应该担当起这一重任，将他的论文翻译成英语、阿拉伯语、汉语、西班牙语和德语。

今天，东西方的伟大骄子们仍要同世界人民一起，使世界更加和谐，促进其发展。

前人几千年前的著作对今天的我们来说仍具有特别重要的意义。

我们应该重视前人的遗训。让前人的这些教诲铭刻在我们的心中。

让先人不朽的训诫永远书写在辽阔的克普恰克草原上，铭刻在追求永恒的文明里。

阿里·法拉比哈萨克国立大学校长　噶·木·木塔诺夫

2014 年 2 月 2 日于阿拉木图第一届国际法拉比朗诵大会

智者不会逝去

当年，驮运商队沿着丝绸之路从中国、印度通往讹答剌、布哈拉、撒马尔罕、富裕的花剌子模，穿过草原与沙漠，绕过可萨海，经伊朗到达两河流域国家，从巴格达到达开罗、麦加和遥远的安达卢西亚。这是一条十分热闹、汇集了众多民族和语言之路。

哈里发的信使和将士带着各种使命、信件与信息疾驰在这条道路上。

进贡哈里发的各种物品沿着这条道路源源不断地送往巴格达。

密使和密探也通过这条路从一个统治者的皇宫去往另一个皇宫。而诗人、学者、音乐家和哲学家则沿着这条路去寻找知识与知己。

这一时期，中国的唐朝已经走向没落，而信仰多神的罗斯正在逐渐崛起。从阿拉伯沙漠到中亚阿姆河岸边的广大区域都处在阿拔斯王朝的统治之下。

这一时期，改信伊斯兰教的伏尔加布尔加尔人在可萨里亚犹太统治者的帮助下，开辟了通往哈里发国家中心的商贸之路。而此时的印度人则对试图阻止伊斯兰教向印度次大陆深入不抱任何希望。

这一时期，早已忘记查理大帝远征的西方人惊讶地看到，阿拉伯人是如何攻打他们的。

在今西班牙境内安达卢西亚的科尔多瓦，阿卜杜勒·拉赫曼取代了阿卜达拉·埃米尔，宣布脱离阿拔斯王朝独立，自称哈里发。新王朝开始繁荣起来。

阿拉伯语逐渐扩大自己的影响范围，它在西班牙已经统治了200年。科尔多瓦的基督教主教独自居住在自己的宫殿里，心里极度忧郁。他偷偷地记录到：我的很多信徒都在读阿拉伯人的诗和童话故事，在研究穆斯林哲学家和神学家的论著，目的不是驳斥他们，而是如何更准确、更优美地用阿拉伯语表达思想。现在，你四处都找不到一个会读拉丁语注释的《圣经》的人。所有有才能的基督教年轻人只懂阿拉伯语和阿拉伯文学，他们富有激情地研读阿拉伯语书籍，甚至忘记了自己的母语，一千个人中勉强能找到一个能书写拉丁语的人。相反，能用阿拉伯语庄重地进行高水平表达的人不计其数。他们用阿拉伯语作诗，其优美性与艺术性更是让阿拉伯人自己都自愧不如。

科尔多瓦主教描述的那个年代，在丝绸之路的另一端，草原上的游牧部落对伊斯兰世界的关注却越来越少。宫廷政变与奴隶起义愈加频繁。后来成为哈里发禁卫军的突厥奴隶，变成了政权强有力的武器。

两河流域曾是古代亚述（古国，在今伊拉克境内。——译者注）、苏美尔（两河流域南部古国。——译者注）、巴比伦（古国，在今伊拉克境内。——译者注）、尼尼微（古城，在今伊拉克境内。——译者注）、迦勒底人（公元前1000—前500年居住在南美索不达米亚的闪米特人一支。——译者注）和腓尼基人国家兴起之地，众多人类文明发源于此。同时，这里也产生了众多罪恶。在这个骤变的时期，在伊斯兰教的发源地创作出了许多关于往昔的童话故事。

准确地说，这些故事比较古老，有的是波斯人和印度人的故事，而阿拉伯人则用新的方式来进行讲述，他们将故事的主人公换成了哈里发或者大臣的名字。

凶残的暴君不仅遭到平民的憎恨，而且也受到大臣和仆人的厌恶。150 年后，这些统治者的名字落在了讲故事人的嘴里。但讲故事的人并不清楚，故事里的主人公从未在国都——巴格达城住过。他们大概也不知道，哈里发哈伦·拉希德（公元 763—809 年，是阿拔斯王朝的第五代哈里发。——译者注）害怕住在巴格达城，害怕城里的居民、工匠和奴隶。他住在远离巴格达的安巴尔城堡，附近只有一些稀疏的贫困村落。城堡被注满水的城壕、厚厚的围墙环绕着，忠诚的卫兵时刻保护着这位哈里发国王。他生活在奴婢与情妇当中，而这些人纷纷遭到处决，他"享受"着人濒临死亡，苦苦垂死挣扎的生活。他曾经亲手杀死了自己的姐姐和一名喜欢的大臣——波斯人巴尔玛希德，正是由于此人的智慧和能力帮助这位哈里发国王巩固了整个国家。

哈里发很少出现在巴格达城，但对城里的居民来说，他的每一次出现都预示着灾难即将降临。遭受他残酷折磨的巴格达人不止一次地扑向哈里发的卫队和哈里发本人。

哈里发国王担心自己的王位，除掉了所有他认为是竞争对手的人。每一个能够影响周围的人都是非常危险的，但是处决波斯人巴尔玛希德却让这位国王付出了高昂的代价。

为了安抚贵族和重新获得波斯的信任，他任命他与波斯奴仆所生的儿子为东方各省的永久地方行政长官。

国王与波斯奴仆所生的儿子叫阿里·马穆恩，他最后成为王位继承人，四年后继任哈里发，并统治多年，而希吉拉 193 年（伊斯兰教的纪元方式，指公元 809 年。穆罕默德于公元 622 年 9 月由麦加迁徙到麦地那，以迁徙的那一年为阿拉伯太阳年的岁首，即公元 622 年 7 月 16 日为元年元旦。——译者注）哈伦·拉希德被处死。

在哈里发哈伦·拉希德去世 150 年后，《一千零一夜》的故事在所有哈里发国家家喻户晓。

这是一些美丽的童话故事。

大家应该听过这些故事。请仔细倾听年轻的沙阿礼萨的话，她的一席话使统治者的内心产生了爱，并挽救了全国年轻姑娘的性命。因为每天晚上，国王都要杀死一个与沙阿礼萨年龄相仿的年轻姑娘，以满足自己的肉欲。

全国民众处于悲痛之中，整个城市被恐惧笼罩。父亲们不知道应该把自己的女儿带到何处躲藏起来。这时，年轻的沙阿礼萨，一位大臣的女儿，在父亲的再三劝阻下执意要牺牲自己来挽救全国女孩的生命。她毅然走向了皇宫，等待她的或是成功地劝说国王改变主意，或是自己被处死。

最后，她成功了。她用自己的温柔、智慧和美丽战胜了国王。她用爱感化了国王，她的爱胜利了。

这个古代东方的故事让人感到伤感，也看出哈里发哈伦·拉希德是一个愚蠢之人。

据说，哈伦·拉希德之后的 14 岁的哈里发阿里·穆克塔基尔非常喜欢听这些故事。他喜欢的不仅是这些故事，在征税之后或是处决完奴隶、镇压奴隶起义之后，他都会把一些著名的诗人和学者召集到皇宫，赏赐他们，并参与宫殿上神学家讲述先知穆罕默德生平、诵读《古兰经》的活动，他还把伟大的哲学家突厥人阿里·法拉比视为知己。

当国家面临危险，远在阿姆河和锡尔河岸边的萨曼国（公元 875—999 年中亚细亚的封建国家——译者注）要脱离哈里发国王统治的时候，阿里·法拉比被任命为特使出使萨曼国，试图通过阿里·法拉比对先知神圣训诫的阐释使其恢复对哈里发的信心。

但阿里·穆克塔基尔不知道，阿里·法拉比成了屠杀奴隶和在布哈拉处决诗人的见证者，这些都深深地震撼了他。一年后，当他从阿姆河岸边返回的时候，绕过了巴格达城。

阿里·法拉比与充满警惕的驼队商人同行，住过板棚、农舍，也住过阿勒颇（叙利亚城市——译者注）的豪华宫殿。他背着沉重的行囊游走在霍姆斯（叙利亚城市——译者注）和大马士革（叙利亚首都——译者注）的集市上，包中装满了手稿、墨水、芦杆笔（古代使用阿拉伯字母的民族所用——译者注）、羊皮纸、一捏盐和几块干饼；连续几个星期在巴勒贝克（黎巴嫩城市——译者注）遗址周围徘徊，完成了前往耶路撒冷的远行，之后同商队一起来到帕尔米拉，在那里迎接日出和日落，欣赏美妙绝伦的大理石圆柱，并再次出发，徒步到大马士革。

哈里发不曾知道，有时阿里·法拉比连在集市上买一把蜜枣或一块大麦饼的钱都没有。据说，当时他每天早上都去屠宰场喝一捧鲜血，然后一个人独坐一整天。在沟渠旁的梧桐树和橄榄树树荫下沉思，不停地在纸上记录自己的想法、猜测、观察与对未来的憧憬。

有时，他弹奏双弦琴放声歌唱，引来人群的围观。几个世纪之后，人们把这种双弦琴称为"哈萨克冬不拉"。

有时，他长久地消失在城市的喧嚣之中。有人曾看见他参与学者或军人的讨论，还经常同流浪者和朝觐者（当时大马士革被称为"麦加的大门"——译者注）围坐在一起，听着他们令人难懂的语言并用周围人不懂的语言同他们进行交流。

他经常保护奴隶，经常把身上最后一枚银币、最后一块饼子给乞讨者。他喜欢坐在地上仰望天空，听周围的鸟语声与潺潺的流水声。他的话让现代人很难理解，让人的内心产生不安。有人躲着他，有人害怕他，还有人说他是个怪人。他拒绝财富，拒绝学者的称号，甚至拒绝哈里发赐予的荣誉。

他知道童话是如何产生的，他甚至想了解地球上的生命是如何诞生的，思考1500年前古巴比伦王朝的兴起与衰落，苏美尔（两河流域南部古国——译者注）人、阿拉米（古代叙利亚和美索不达米亚的部族——译者注）人、米堤亚（古国名，在扎格罗斯山以东伊朗高原西部——译者注）人、迦勒底（公元前1000—前500年间居住在南美索不达米亚的闪米特人一支——译者注）人与巴勒斯坦人的幸福与悲哀。

他想了解火与风的奥秘，民族的历史与战争的原因。他去过许多国家与城市，常在国王的宫殿和乞丐的农舍中做客。

他经过阿拉伯人所说的塞克人国家（中国古书称其为"塞种人"，塞种人被认为是现今哈萨克族等操突厥语民族的祖先之一。——译者注）来到底格里斯河、幼发拉底河和尼罗河岸边。欧洲旅行家马可·波罗把这些国家叫做突厥–克普恰克国家，而哈里发和所有的阿拉伯人则称为法拉布。

他在青年时期告别了自己的故乡，把自己的初恋、父母的坟墓留在了那里。

他曾是一名军人和音乐家，也是一名学者、哲学家与充满幻想的人。

农夫敬重他的睿智、质朴与勤劳，而苏丹们则惧怕他的思想。

在阿里·法拉比青年时代，伊朗爆发了以阿里·本·穆哈迈德·阿里·巴尔卡吾伊为首的奴隶暴动，此人外号"蒙面人"，因为他从来不让别人看见真正的面容。

奴隶们纷纷会集到那里，他起义的大旗上绣着《古兰经》第九章的一句诗：

> 上帝买去了信徒们的生命和财产，
> 换来的是死后灵魂能够升入天堂。

揭竿而起的奴隶们要求改变奴隶制，并建立自己的国家。阿里·本·穆哈迈德宣布自己为哈里发，将今伊拉克与伊朗胡齐斯坦省的一部分纳入自己的管辖范围，而他的追随者们瓜分了战争掠夺来的财富与奴隶。

奴隶们的梦想在鲜血中成为泡影，因为他们不懂得什么是自由。巴格达哈里发的军队消灭了这个新建立的国家，自称哈里发的首领也被处死。

阿里·法拉比的晚年正好处于这个战争纷繁的年代，穆斯林什叶派及其他宗教的信仰者们不断会集到起义的旗帜下。

小手工业者和小商贩们联合起来，建立起秘密组织，宣布所有宗教、教派与宗派都是平等的。卡尔马特派（伊斯兰教什叶派的伊斯玛仪派中最激进的一个支派。——译者注）的言论在所有哈里发国家中传播，他们相继在叙利亚、伊拉克、黎巴嫩、巴林以及巴勒斯坦、伊朗、中亚地区发动起义。

巴格达哈里发的皇位摇摇欲坠。为了看清、理解和思考人类灾难与动荡的根源，阿里·法拉比没有返回哈里发阿里·穆克塔基尔的皇宫。如前所言，他绕过巴格达，来到大马士革，因为在那里有他放弃了多次的爱情。

他在街道上徘徊，听前往麦加朝觐者的故事。这些人只是在用一块原本在巴林，而后被阿布·塔希尔为首的卡尔马特派激进分子拿到麦加的黑石头虐待自己，该派杀死了约 3 万名穆斯林信徒。

晚上他倾听美女的歌声，流浪哲学家的高谈阔论，洗衣工的闲谈，商人的争论，奴隶的抱怨，孩子的哭泣，商队离奇的传说。他思考着自己生活的经历，还没有着落的爱情，武器的力量，话语的奥秘，音乐的魔力，生存的痛苦和运动的永恒。

虽然当时他已经是一位伟大的导师，为人们深刻地揭示了亚里士多德和苏格拉底、柏拉图和拖勒枚、赫拉克利特和希波克拉底等人理论的意义，但他却选择成为一个漂泊者。

他吸收自己家乡、祖国的文化和历史的精华，熟读古希腊人、犹太人的著作，接受了波斯、印度和阿拉伯的哲学学说，接触了古代中国创造的文明成果，创作出伟大的著作。他搜集古代智慧之人的知识，为当时其他科学领域的新发现奠定了基础。

我沿着一千年前阿里·法拉比的足迹前行。严冬 12 月，我站在高处刻有楔形文字和浮雕的贝希斯敦铭文旁，这是为了纪念阿契美尼德王朝（公元前 558—前 330 年古波斯统治时代——译者注）的统治者大流士一世（公元前 522—前 468 年——译者注）的胜利而立的铭文。

寒风刺骨。另一个世界就在周围，或许，在那个遥远的时代，当阿里·法拉比经过此地的时候，寒风也是如此的凛冽。他是一位伟大的旅行者，他不经过这里是无法到达伊朗的哈马丹的，因为贝希斯敦铭文位于哈马丹与伊斯法罕之间。

在他游历之后又过了 100 多年，他的学生——伟大的医师阿维才纳在哈马丹找到了安身之所，在那里度过了自己生命中最后的一段时光。我从阿维才纳的墓前捧起一些土带回了阿拉木图，把他送到伟大漂泊者的后人—— 一位诗人的手里。

现在人们认为，贝希斯敦铭文位于哈马丹与德黑兰之间，但在当年阿里·法拉比游历各地的时候，途中还有一座叫翟怡的古城，即今天伊朗的伊斯法罕。

翟怡是一座非常美丽的城市，它在阿契美尼德王朝统治之前就已出现。每一代东方建筑师都以它的风貌为基础进行创作。例如，法国巴黎爱丽舍大街就是以伊斯法罕的皇宫广场为原型进行设计的。

翟怡还是丝绸之路上的一个重要枢纽，由此可以通往巴格达哈里发的宫殿，阿里·法拉比可能也领略了这里能工巧匠与地毯工人的高超技艺。

也许他离开讹答剌后，一路沿撒马尔罕、布哈拉、梅尔夫（土库曼斯坦城市马雷的旧称——译者注）、阿富汗的巴赫、图斯（伊朗古城——译者注）和内沙布尔（伊朗城市——译者注）西行，未到翟怡，而是到了雷伊，从那里来到哈马丹。

不管是否到过那里，可他不能从贝希斯敦铭文附近经过而不到哈马丹，因为当时的丝绸之路还尚未开辟这种"之"字形的线路。在亚述（古国，在今伊拉克境内——译者注）、巴比伦和尼尼微（古城，在今伊拉克境内——译者注）统治时期，丝绸之路是一直通往美索不达米亚、幼发拉底河和底格里斯河的，之后分成很多支线，通向近东地区的许多古城。在阿拉伯哈里发时期，这条路从哈马丹一直通向巴格达。

今天，这条古老的商路已被人们遗忘而废弃了。

这位伟大的思想家去世的 1000 年后，我在哈马丹沿着他曾经的足迹行进。在第一段行程结束之后，我又开始从埃及的开罗和亚历山大的另一段行程，经迦太基（北非古代奴隶制国家——译者注）到达叙利亚的大马士革、霍姆斯、阿勒颇，再从拉塔基亚、帕尔米拉抵达黎巴嫩的巴勒贝克遗址。

从黎巴嫩的贝鲁特出发，前往耶路撒冷、安曼，之后到伊拉克的巴格达、巴士拉和摩苏尔等地。

我默默注视着赫斯罗乌拱门，哈特拉（伊朗古城——译者注）、巴比伦、尼尼微和土耳其内姆鲁特的神庙和废墟，静静地站在底格里斯河与幼发拉底河汇合处的亚当树树荫下。在辛巴达岛上环绕一周后，游荡在北方河的谷地与山地之中。凭直觉推测，阿里·法拉比在中年和晚年应该到过此地。我再次来到萨迈拉（伊拉克古城——译者注）城的底格里斯河岸边，回到这座古老、至今仍旧美丽、凉爽的城市。很久以前，哈里发阿里·穆克塔基尔居住的宫殿坐落于此，青年时代的阿里·法拉比曾随着进贡礼品与奴隶的商队一起来过这里。

是什么驱使我这个生活在 20 世纪"宇宙时代"的人沿着他当年的足迹行进呢？难道只是为了满足自己的好奇心吗？

为什么解密罗塞塔石碑的神秘文字（制作于公元前 196 年的花岗闪长岩石碑，刻有古埃及法老托勒密五世诏书，并且同一段内容有三种不同版本。——译者注）震惊了 19 世纪和 20 世纪最杰出的思想家？为什么成为解开世界文明奥秘的钥匙？

驱使我们重新回顾过去，寻找今天胜利与失败、进步与堕落根源的伟大力量就在这种难以置信的现象之中。因为过去所有神话故事的智慧之处在于探寻善良战胜邪恶之路，而且，这种斗争自古以来就是新的文明与罪恶产生的原因。认识到和平的意义并钻研古代科学之后，阿里·法拉比与亚里士多德一样，试图在前人思想经验的基础上，在自己的哲学中建立一个没有罪恶的人类社会。

他在当时已创立了非常著名的学说，因此被称为是继亚里士多德之后的"第二导师"。

一千年后，我沿着他当年的足迹行进，一个想法一直萦绕不去。如果不是让他感到激动不安，如果没有对狮身人面像历史与金字塔奥秘的深入思索，如果没有注意到在他之前战争的突变与民族入侵，如果没有对人类的残酷与不平等的灰心沮丧，他就不可能成为一位伟大的哲学家，也不可能发现尼尼微、巴比伦、亚述和苏美尔等古代文明的来源。

这时我感到，这位伟大的漂泊者、真理的追寻者直到今天仍未逝去。只有对他的思想、对他的《美德城与高尚的居民》感兴趣的人，才能意识到他的哲学思想是我们每个人的巨大财富。

东方人民不会忘记他。人们发挥各自的想象试图描绘出这位"怪人"

的形象，对此我曾同一位斯里兰卡的学者交流过。他是一名年长的僧伽罗人（斯里兰卡的主要居民——译者注）。那是一个非常炎热的中午，在位于科伦坡郊外一家名为"阿里·法拉比"的古老咖啡馆里我和他进行了深入交流。

"这家咖啡馆是为了纪念谁？为什么叫这个名字？"我问道。

"为了纪念古代的一位智者、怪人。"他回答。

开罗有一所名为阿里·法拉比的古老大学。有一天，一名从加尔各答来的孟加拉留学生交给我一篇名为《穆罕默德·阿里·法拉比是一名唯物主义者》的研究论文，而来自巴基斯坦的诗人在朗诵自己关于法拉比的诗的时候，就像在讲述一名说故事的人。哈萨克斯坦的年轻学者和作家们也写了很多关于法拉比的书。考古学家在对讹答剌城进行考古发掘时，画家试图描绘出阿里·法拉比的模样。著名的东方学家尼古拉·康拉德和加富罗夫也写了不少介绍他的著作。不久前，在哈萨克斯坦古城——奇姆肯特一家研究所以穆罕默德·阿里·法拉比命名，而在叙利亚古城阿勒颇有一条以他的名字命名的古老街道。在阿勒颇和大马士革我还曾多次寻找他的坟墓，但都无功而返。

阿勒颇人确信，这位伟大哲学家生命中的最后一段时间是在突厥哈里发萨义夫·阿特·杜拉特的皇宫里度过的。当时，苏丹的皇宫位于阿勒颇，因此，穆罕默德·阿里·法拉比应该被葬在该城的一座古城堡附近。

我同当地的阿勒颇人寻遍了城堡附近的所有墓地，但是没有人知道，在哪里能找到他的坟墓。大马士革的学者和作家认为，他应该被安葬在位于小城门旁的一座古老的墓穴里。我去了那个墓地。墓地里搭建着一个白色帐篷，里面坐着一位身着白衣的老者。老人读着《古兰经》，等待着死亡的到来。他并不回答我们的提问，在他的身旁还放着一个水罐和一块干饼。

大马士革的朋友们还向我介绍了几处位于不同地方的法拉比墓穴，但最后都不好意思地说："您就写，您找到了阿里·法拉比的墓地，我们为您证明确实如此。当时，阿拉伯人觉得自己的地位比其他民族高，对突厥人也不是特别尊重。不见得他们永远怀念他，还记得他的坟墓。如果您想从他的坟墓上带走一捧土，就在我们的母亲河——巴拉达河边拿一些带回伟大导师的祖国。您就说，阿布·纳尔斯·穆罕默德·阿里·法拉比是哈萨克和阿拉伯两个民族的儿子，您不会错的。"

"伟大的思想家是属于所有民族、全人类的。"我回答。因此，我们鼓起勇气在哈萨克斯坦历史上举办首次"法拉比日"。

这件事发生在 1973 年 9 月 9 日的阿拉木图。第五届亚非国家作家大会刚刚闭幕。来自世界各大洲的作家与学者参加了此次的"法拉比日"。他们还在距列宁艺术博物馆不远的林荫道上种下了树，纪念这位伟大的哲学家、思想家。此次活动前一天，我去医院探望萨加德·扎希尔先生，他是一名作家、批评家，印度共产党的组织者、巴基斯坦共产党第一书记，印度半岛杰出的文艺活动家。尽管生病，他还是来到阿拉木图参加这次"法拉比日"。他像巴基斯坦的诗人法伊兹、非洲诗人亚历克斯·拉·古玛、开罗的爱德华·艾尔·哈拉特一样，帮助我们在印度组织"法拉比晚会"和哈萨克斯坦的"法拉比日"活动，但他来到阿拉木图后却病倒了。

他的病床旁站着两名翻译，一名是乌尔都语翻译，另一名是英语翻译。病床前还有两名医生，要求不要让病人过于激动。

尽管有年龄差距，萨加德·扎希尔先生却是我最聪明、最好的一位朋友。我俯身对他说："萨加德先生，明天就是您期待已久的法拉比日了。"

他慢慢睁开眼睛，微微一笑，环视了一下周围的人，静静地看着我，然后开始慢慢地说话。

病房里死一般的寂静。翻译勉强能听到他的话。

"作为一名共产主义者，我想说一下法拉比。我思考了很多，但现在情况这样，我不能完成我的心愿和梦想了。趁现在还有些气力，我说几句，你要告诉后人。"

"法拉比是一个把自己的一生都献给人类团结事业的人，他生活在一千年前，是对人类有益的人，他还是一个追求理性与知识的狂热者。"

"当时，没有人认识乞丐和流浪者，只有那些交际范围比较窄的人。"

"我很高兴，现在他找到了自己出生的故乡与祖国"，萨加德·扎希尔说，他连最后的一点气力也没有了，"我很幸福，他出生在了他应该出生的地方"。

"他一直梦想平等与和平，这也是我们共产主义者的梦想。要让参加法拉比日的人们理解他的想法，不辜负你们的努力，还要让他们明白，我是他的一部分。"

"我很幸福，我能在他出生的国家死去。"这是萨加德·扎希尔先生生前的最后一句话。

"当时，没有人认识乞丐和流浪者，只有那些交际范围比较窄的人。"这句话一直回荡在我的耳边。

甚至连生活在哈里发阿里·穆克塔基尔皇宫里讲故事的人也不认识阿布·纳斯尔·穆罕默德·阿里·法拉比，要不他们也会把他编进自己的故事里的。

现在，已经很少有人相信童话故事了。我们已经忘记了沙阿礼萨。我们倾听历史学者的讲述，查阅先前学者的著作，就是为了能够找到与《一千零一夜》同时期的有关这位伟大长者的记述。

今天，我们把这些记录作为智慧力量的警句来理解，因为，他虽然是自己生命的奴隶，但他却是自己精神的主宰。他是诸多学科的始创者、无以伦比的音乐家、公正与平等的忠实捍卫者、数学家与水利学家、天文学家与思想家。

他在一千年后返回了祖国。

智者不会逝去，他将永远活着。他的理性与智慧将永远陪伴着我们。

阿努阿尔·阿里姆然诺夫

1973 年 9 月 9 日于阿拉木图第五届亚非国家作家大会

第一节　阿里·法拉比的身世与经历

阿里·法拉比·穆罕默德·阿里·法拉比（公元9—10世纪）是一位突厥哲学家。他是最早在东方国家宣传古希腊哲学思想，特别是亚里士多德哲学思想的传播者之一，并将亚里士多德的学说与新柏拉图主义进行比较研究。

在阿里·法拉比生活的时代，民族分化尚未形成。因此，当时只是人为地将他称之为哈萨克人。我们依据历史事实确信，阿里·法拉比出身于一个突厥部落，后来该部落融合为哈萨克民族。他是一位与苏联东方各民族文化有着密切联系的活动家。

我们迄今对阿里·法拉比的生活之路还知之甚少。历史对他的记载也只能在古老的穆斯林书籍中才能找到只言片语，而且，这些记载相互矛盾之处不少。

西方资本主义国家由于缺乏史料，对阿里·法拉比生平的介绍甚少，更谈不上系统性研究。近些年来，在埃及、叙利亚和伊拉克出版的一些著作试图描述法拉比的生平，但早期穆斯林著作中对其生平介绍的资料也十分匮乏。

在苏联文献中，也无法找到类似资料。[①] 历史学家在对阿里·法拉比出身的认识上，历来是各执己见。伊本·阿布·乌赛比在《历史文献资料》一书中写到，阿里·法拉比真正的名字为阿布·纳斯尔·穆罕默德·本·穆罕默德·本·吾孜拉克·本·塔尔汗，而伊本·哈里坎在《贵

---

① 哈伊鲁拉耶夫·M.M.:《法拉比的世界观及其在哲学史的意义》，塔什干:“Ф а н”出版社1967年版，第145页。

族之死》一书中将他称之为阿布·纳斯尔·穆罕默德·本·塔尔汗·本·吾孜拉克，而阿里·基弗提则称他为阿布·纳斯尔·穆罕默德·本·穆罕默德·本·塔尔汗。阿里·白哈齐赞同后一说法。在伊本·安·纳迪姆的著作《纲要》中，称他为阿布·纳斯尔·穆罕默德·本·穆罕默德·伊本·塔尔汗，萨义德在所著的《民族的构成》一书中则认为，他的名字应为阿布·纳斯尔·穆罕默德·本·穆罕默德·伊本·纳斯尔，但该书的有些地方还将阿里·法拉比叫做阿布·纳斯尔·穆罕默德·本·纳斯尔。

以上我们可以看出，历史学者在对他的名字问题上的观点基本一致，而对他的出身及其父亲名字的问题上则存在较大分歧。有人认为，他父亲的名字应为穆罕默德。

大部分翻译法拉比著作的学者认为，阿里·法拉比是突厥人，但伊本·阿布·乌赛比指出，阿里·法拉比的父亲是军队的首领，且是波斯人。已故的老教授夏依赫（伊斯兰教对教内德高望重者，如教长、学者、教师等的尊称。——译者注）穆斯塔法·阿布·阿尔·拉吉克曾写到，从波斯与突厥两个民族的相近性和相互交融性来看，寻找他的民族出身是没有必要的。如果他的父亲是军队的首领符合史实的话，他也不是历史上公认的著名人物，但有一点是清楚的，阿里·法拉比能够以自己的勇敢与平静看待学习与旅行中的困难、命运的波折，因为他觉得自己是英雄的后代。

阿里·法拉比出生于小城法拉布。但《大纲》的作者则认为，他出生在今天伊朗呼罗珊省的小城法里阿布。如果他的确出生在那里，其名字就应为阿里·法里阿比，而不是阿里·法拉比。由此可以证实，他的出生地应为小城法拉布。

雅库特曾写到，该省位于锡尔河的另一侧，属于突厥人国家，距沙市（锡尔河右岸的古地名——译者注）较远，而离八剌沙衮（喀喇汗国都城，在今吉尔吉斯斯坦托克马克西南方向。——译者注）较近，骑马不到一天即可走完全境。它拥有坚固的城堡，实力强大。这片地区主要是盐碱地，长满了灌木丛，西部的河谷地区有沙市河的滋养，分布着许多农田。

伊本·哈里坎认为，阿里·法拉比于希吉拉339年（公元950年）去世，享年80岁。由此推断，他大约出生于希吉拉259年（公元873年）。可以看出，"第二导师"并没有像一些伊斯兰思想家那样为自己作传，他的学生也没有人为自己的老师撰写传记。

阿里·法拉比喜欢游历，但没有一位历史学者提到他50岁前的游走经历，关于他童年和青年时代也没有记载，只有一些他离开家乡远赴巴格达之后游历各地的文字记录。因此，在阿里·法拉比的传记里有一段时期是鲜为人知的。

阿里·法拉比受过神学教育，他从斐格海圣训（伊斯兰教教义的主要书籍——译者注）中汲取伊斯兰教知识。他掌握阿拉伯语、土耳其语与波斯语，是否掌握其他语言尚未可知。伊本·哈里坎提到他知晓七十多门语言，这个说法的可信度似乎不高。

阿里·法拉比在晚年时接受了数学和哲学教育，伊本·阿布·乌赛比提到，阿里·法拉比重视学习医学，但易卜拉欣·玛特古尔则持不同看法。

阿里·法拉比为了探求知识，远离故乡来到巴格达。他师从逻辑学大师阿布·比什尔·玛塔·本·尤努斯，在此之后掌握了阿拉伯语。萨义德在《民族的构成》一书中写到，在阿里·穆克塔基尔执政时期，逝世于阿斯萨拉姆的阿里·约翰·本·哈伊兰也曾是他的老师。

"第二导师"大约在希吉拉310年（公元922年）来到巴格达，当时他已近50岁。从此，他开始了自己生命的第二个时期，即成熟并能影响他人的时期。他在巴格达遇到了逻辑学和语言学者，师从前面已提到的阿布·比什尔·玛塔·本·尤努斯学习逻辑学，并很快超越了自己的老师。[1]

伊本·阿布·乌赛比借用了阿里·法拉比下列一段话：学校从埃及的亚历山大迁往土耳其的安塔基亚，并在那里很长时间，直到只剩下

---

① 萨义德·扎伊德：《阿里·法拉比（870—950年）》，塔伊然诺夫·Б.К.译，开罗：知识出版社1962年版。

一位老师。他教出两名学生，而且两人都是从安塔基亚来的，他们随身带了很多书。其中一人是哈兰人，另一人是梅尔夫人。

跟来自梅尔夫的老师学习的有两个人，一位是易卜拉欣·阿里·迈尔乌季，另一位是约翰·本·哈伊兰。

师从阿里·哈拉尼老师的是伊斯拉伊力·阿里·阿斯卡尔和于阿里·穆塔德哈里发统治时期（公元892—902年）来到巴格达的库维里。伊斯拉伊力学习宗教学，库维里学习教育学。

约翰·本·哈伊兰对宗教学也非常感兴趣，而易卜拉欣·阿里·迈尔乌季来到巴格达并在此定居。

玛塔·本·约南（即阿布·比什尔·玛塔，是基督教的聂斯脱利派。——译者注）师从阿里·迈尔乌季学习宗教。

巴格达的学校都是因为这些人，而非学校本身而声名远扬。

在巴格达的学校里主要开设宗教学和哲学课程，对医学、天文学、占星术和数学等科学也非常重视。

法拉比告诉阿布·比什尔·玛塔，他曾经跟约翰·本·哈伊兰学习过。如果他也师从玛塔的话，他就会像写到他的第一位老师那样提到这件事。

伊本·哈里坎认为，当法拉比来到巴格达的时候，他已经掌握了土耳其语和其他非阿拉伯语语言。阿拉伯语是他在之后才学会的。这在科韦尔的《阿拉伯文学》和奥利里的《阿拉伯思想及其历史地位》中曾提到。他说，当法拉比游历到巴格达的时候，由于当时还不懂阿拉伯语，因此很难融入城邦的精神生活当中去。法拉比给自己设定的第一个目标是学会阿拉伯语，之后成为基督教医生玛塔·本·尤努斯的学生。当时，这位老师年事已高，在其指导下，阿里·法拉比还学习了逻辑学。我们对这段描述持怀疑态度。如果事实果真如此，那就是说，阿里·法拉比在中年时才掌握阿拉伯语，而在晚年时期已用阿拉伯语写出了100余部著作和文章。我们还看到，法拉比可以熟练地运用阿拉伯语表达自己的思想，深感这门语言与其他语言在表达上的细微差别，并专门对此进行了分析。

阿斯·萨义德说，他曾注释过一些逻辑学的书籍，指出了其中一些不清楚的地方，并揭开了其中的奥秘。他还把这些书中的内容改写得通俗易懂，并搜集整理正确的解释与说明。

我们认为，法拉比可以自如地使用阿拉伯语。他是一位突厥人，但他的国家经历了伊斯兰教的侵袭。这一过程持续了两个多世纪，这足以让法拉布的居民阿拉伯化。因为突厥人在法拉比出生以前就已经并入了阿拉伯帝国，成为帝国政治结构的一部分。哈里发借助长矛建立起自己的政权。这一时期，不懂阿拉伯语会成为他们的障碍，于是人们开始积极学习阿拉伯语，逐渐培养出一批神学家、诗人和语言学家，阿拉伯语成了他们的标准语。目前，尚不清楚法拉比是否用突厥语或波斯语写过文章，因为他在表达思想的时候只使用阿拉伯语。

他在《获得幸福》一书中写到，"伊玛姆"在阿拉伯语中是扮演领导角色的人物，是"首领"的意思。在解释"哲学家""领导者""法律的创造者""国君"这些概念后，他指出这些词在意义上属于同一概念。"我把人们使用的这几个词归到一起，用来证明一个词和其他词的意义。"可以看出，法拉比来到巴格达后，想完整地学习语言学，他向语法领域的学者阿布·阿斯·希拉杰学习语法。伊本·哈里坎和其他一些人没有完全理解伊本·阿布·乌赛比的意思，因此认为法拉比不懂阿拉伯语。

伊本·哈里坎说，法拉比通晓七十多门语言，这显然太过了，但法拉比的突厥语不太好。德·布尔认为，法拉比还懂得波斯语，熟练掌握阿拉伯语。在他的书中有一些关于法拉比具有渊博希腊语知识的描述。例如在《论科学分类》一书中写到，当法拉比在解释语法、某些词的词源、意义以及每次在谈到曲调和旋律时都会使用阿拉伯语的名称和相对应的希腊语名称。

现在我们可以断定，阿布·贝克尔·本·阿斯·希拉杰是法拉比的语法老师，而约翰·本·哈伊兰则是他的逻辑学老师。他在哲学领域取得的卓越成绩则归功于潜心研读亚里士多德的著作，最终领会了其中的真谛。他通晓多种语言，懂得音乐、数学和医学，这让我想到，法拉比应该还有其他老师教授他不同的学科，只是我们不知道那些人的名字罢了。

伊本·哈里坎还认为，阿里·法拉比的大部分著作都完成于巴格达，这种看法是符合史实的。因为阿里·法拉比在巴格达生活了约 20 年，正是自己科学思想的成熟时期。后来，"第二导师"在赛义夫·阿德·道莱·本·哈姆丹苏丹的保护下前往阿勒颇，法拉比在苏丹宫中结识了许多伊斯兰教名人、文化大家、语言学家、文学家和哲学家。

法拉比不愿在一个地方生活太久，喜欢到处游历。在一个城邦生活一段时间后，前往另一城邦，之后再去下一个城邦。

从《音乐大全》这本书中可以了解到，法拉比在到达伊拉克之前，曾去过伊朗的呼罗珊。伊本·阿布·乌赛比说，法拉比在呼罗珊度过了生命中最后一段时间。随后他又提到，法拉比于希吉拉 338 年（约公元 950 年）前往埃及并于次年返回大马士革，阿尔·拉迪哈里发时期逝世于赛义夫·阿德·道莱·本·哈姆丹苏丹之处。这一说法显然不符合历史事实，因为阿尔·拉迪在希吉拉 329 年（约公元 941 年）去世。伊本·阿布·乌赛比还谈到了法拉比的一些著作，其生前最后一本书《美德城居民观》的前半部就写于巴格达，后来他于希吉拉 330 年年末（约公元 942 年）迁居大马士革，次年在那里完成了这部著作。此书出版之后，他又重新进行了修改并划分了章节。此后，有人让他按照意思划分书中内容，他于希吉拉 337 年（约公元 949 年）在埃及完成了此项工作。伊本·哈里坎还提到，法拉比从家乡来到巴格达，后从巴格达去了哈兰，从那里再次回到巴格达从事科学研究。他写了很多书，后又去了大马士革，但没有在那里生活。在《世俗政治》一书中，伊本·哈里坎提及乌赛比的《美德城》。

法拉比在巴格达生活的时期正处于阿里·穆塔基尔（公元 829—902 年）、阿里·穆赫塔菲（公元 902—908 年）、阿里·穆克塔基尔（公元 908—932 年）三位哈里发执政时期。在两个土耳其研究文献中提到，法拉比在这段时间到过萨曼国。A. 阿伯南引用 15 世纪穆尔·鲁特菲的《Кашфул-Зунун》一书内容指出，法拉比在自己的故乡——突厥斯坦应萨曼国曼苏尔·伊本·努赫的请求，写出《东方学说》一书。

法拉比被称为是继亚里士多德之后的"第二导师"就与此书相关。《东方学说》现保存在伊朗伊斯法罕的 Суван ул-хикма 图书馆。伊本·森纳通过此书研究哲学问题。类似的记述在早期文献资料中也有所涉及，如 17 世纪土耳其的塔什库波里·扎德·艾哈迈德·阿凡提的研究中就包含这一内容。

还有一些记述谈到，希吉拉 337—338 年（公元 949—950 年）法拉比来到埃及，当时正是伊斯兰运动传播时期，但是为何以前史料却没有提及？土耳其研究者 A.阿杰什指出，法拉比在埃及重新审阅了自己的《美德城居民观》一书，并划分章节，编制目录。[①]

在阿勒颇居住时，法拉比不止一次前往埃及和大马士革。正如前面所述，他从遥远的家乡来到巴格达，又去了哈兰，最后返回巴格达。

阿里·法拉比不是一个追求享受、爱好出名的人。他的一生经历了各种苦难，也充满了对精神独立的思考与探求真理的热情。

阿里·法拉比中年时孤苦伶仃。他在大马士革的大部分时间都是在小河边和绿树成荫的花园里度过的。他在那里进行自己的研究，和自己的学生谈古论今，进行学术讨论。

根据文献资料记载，法拉比不是宫廷学者，因此他不经常住在阿勒颇，只能从大马士革来到这里。当时的大马士革处在埃及统治之下，公元 946—947 年又落入北叙利亚统治者赛义夫·阿德·道莱手中。大量史实资料表明，面对荣誉与享受，法拉比拒绝接受赛义夫·阿德·道莱的馈赠与帮助。法拉比是一个非常谦逊的人，他对生活要求不高，穿着朴素，常常独来独往。

据说，赛义夫·道莱想授予法拉比很高的荣誉，并打算把自己的一些财物馈赠给法拉比，但都被法拉比拒绝了，他对额定每天 4 个银币的俸禄很满足。

据说，法拉比个子不高，常穿戴突厥服饰。

伊本·哈里坎和伊本·阿布·乌赛比都常提到阿里·法拉比的诗句。

---

① 哈伊鲁拉耶夫·M.M.：《法拉比的世界观及其在哲学史的意义》，塔什干："Фан"出版社 1967 年版，第 153—154 页。

伊本·哈里坎在自己的《贵族之死》一书中（第二部，第102页）引用过他的诗句。

伊本·阿布·乌赛比《历史文献资料》一书（第二卷，第138页，开罗，1882年）也引用了法拉比的诗句。但伊本·哈里坎对这些诗的作者提出质疑。他认为，这些诗出自巴格达夏依赫穆哈迈德·本·阿布德里·马里克·阿里·法利基之手。

伊本·阿布·乌赛比在自己的著作中还引用了一些阿里·法拉比祈祷的诗句。

穆斯塔法·阿布德里·拉扎克在《古代哲学汇编》（1910年出版）的前言中也曾引用法拉比的诗。

根据已有的文字资料，还不能准确地判断出阿里·法拉比就是这些诗的唯一作者。此外，在他现存的著作中也没提到其本人是否写过诗。历史学家的论述是这一问题唯一的"裁判"。前面提到，伊本·哈里坎曾怀疑他引用的这些诗并非出自阿里·法拉比之手。穆斯塔法·阿布德里·拉扎克也怀疑这些诗是否为阿里·法拉比所作。因为这些诗的风格与这位哲学家的性格相去甚远，特别是诗中表现出对生活的不满与对酗酒的憎恶。

阿里·法拉比的诗应与他渊博的学识和性格相符，但在那个残酷的时代，他的伟大遗产没有得到完整保存。在没有发现确实可信的文字材料之前，我们不敢贸然断定他是一名诗人。或许，未来的研究会揭开这个问题的答案。[1]

阿里·法拉比于希吉拉339年（公元950年）在大马士革逝世。赛义夫·阿德·道莱·本·哈姆丹与随从们一起在他的墓前朗读祷文，表达对他的尊敬。阿里·法拉比被安葬在大马士革城外的小门旁（这一墓地保存至今）。[2]大多数历史学者认为，法拉比为自然死亡。只有阿

---

[1] 萨义德·扎伊德：《阿里·法拉比（870—950年）》，塔伊然诺夫·Б.К.译，开罗：知识出版社1962年版，第18—19页。

[2] 哈伊鲁拉耶夫·М.М.：《法拉比的世界观及其在哲学史的意义》，塔什干："Фан"出版社1967年版，第155页。

里·白哈齐在《智者的历史》一书中写到，阿里·法拉比是在从大马士革前往阿什克伦（以色列古城——译者注）的途中被强盗杀害的。我与已故的导师夏依赫穆斯塔法·阿布德里·拉扎克认为，如果阿里·法拉比死因的传闻是真实的，那么与其生活在同一时期的传记作者，如逝世于希吉拉 346 年（公元 957 年）的阿布里·哈桑·阿里·阿里·马苏迪应该提到此事。

在阿里·白哈齐撰写的阿里·法拉比的传记中，我们看到有些史实记载有误。对阿里·法拉比死因的传闻与被历史学者歪曲的著名诗人艾卜·塔伊布· 穆泰奈比的死因很像，他是在希吉拉 354 年（公元 965年）从波斯返回叙利亚的途中遇害的。

白哈齐写到，法拉比在从大马士革前往阿什克伦的途中遇到强盗，他让劫匪拿走他的牲畜、武器、衣服等物品，放他一条生路，但遭到强盗们的拒绝。劫匪们开始殴打法拉比，并将他杀死，但这一说法不太可信。历史学者阿里·马苏迪在法拉比真正死因问题上的论证是可信的。他是与阿里·法拉比同时代的人，并在他去世之后离世。阿里·马苏迪提到了阿里·法拉比的死，但没有说是被杀死的，也没写到遇害的时间。除白哈齐外，历史学者都没有记录此事，此后沙赫耳祖里开始转述此事。法拉比是一个有自制力、性格平和的人，而白哈齐却将他描写成一个拥有牲畜、武器的军人。

《Мажму ал-аулие》的作者指出，在法拉比的葬礼上没有神职人员参加，也没有赛义夫·阿德·道莱亲近人的祈祷（根据伊斯兰教法，穆斯林葬礼必须有神职人员在场，由他们完成宗教仪式——译者注），就是因为他的学说使他被宣布为异教徒。

目前，还没有确实可信的资料证实上述说法，但也没有事实推翻这一说法。

其他一些史料也证实，反动的宗教神职人员认为法拉比是异教徒、叛教者。还有一部分书籍将他描述成是正统伊斯兰教的辩护者、虔诚的穆斯林，试图为他平反。例如，17 世纪的《Мажму ал-аулие》一书写到，神职人员不理解法拉比著作的真实目的，而宣布他为异教徒。法拉比在自己的著作中客观地表述了希腊人的看法，而这被认为是异教学说。即使是异教学说，也不是他的错，而是希腊原书作者的原因。

伊朗历史学家和地理学家卡兹维尼将法拉比刻画成一个遵循伊斯兰教教法与神学准则的虔诚穆斯林形象。他指出，法拉比远离中亚故乡就是为了完成去穆斯林世界的圣城——麦加和麦地那朝觐的心愿。

以下有两则关于阿里·法拉比的传说。

1. 学者们在关于法拉比的生平记述中有很多关于他在埃米尔那里发生的笑话。当法拉比走进宫殿时，赛义夫·阿德·道莱正襟危坐在宝座上。埃米尔让他坐下，这时法拉比问道："应该如何坐？是按照我的地位那么坐，还是像您那样坐？"

"按你的地位那么坐。"埃米尔答道。

于是，法拉比从各位埃米尔身旁走过，坐到了宝座上，将国君挤开。

赛义夫·阿德·道莱用只有几个人才懂的暗语向自己的侍卫解释。这时旁边的大臣用暗语对国君说："这位夏依赫违反了礼节。我现在试探一下他的知识，如果他的回答不能让我满意，我就会给您一个信号，您就以冲撞君主之罪为由杀了他。"

令人不可思议的是，法拉比听见他的暗语后，竟用同样的暗语答道："噢，埃米尔，请稍微忍耐一会儿，看看事情最终的结果如何。"于是，他同聚集在宫殿里的各门学科顶尖代表人物展开辩论，最后大家都默不作声了。

于是，赛义夫·阿德·道莱对法拉比产生了崇高的敬意，准备在皇宫里为他创造各种优越的条件，但法拉比的要求并不高，他只接受了埃米尔每天给的 4 个银币的俸禄。根据传统，学者们的食物是掺有葡萄酒和罗勒（药食两用的芳香植物——译者注）的牛血。

2. 有一天，"第二导师"来到大马士革的市场，他看见一个身材匀称、相貌英俊的年轻鞋匠在用牙齿撕扯皮革。"第二导师"问道："你这么卖力工作，每天能挣多少钱啊？"

小伙子回答："2 个银币。""第二导师"可怜他，就将每天从埃米尔那里得到的4个银币给了他，这位小伙子成了他无话不谈的朋友。①

从白哈齐的记述中可以看到，当时已经有一些臆造的故事。而且，这些作者在明显的错误面前仍在继续。在《哲学家的风尚》一书中记载了白益王朝（公元935—1055年统治西伊朗和伊拉克的封建王朝。——译者注）的官员伊斯马依拉·伊本·阿巴德与法拉比见面的笑话。

这位大臣早就想认识法拉比，但始终没有机会。他甚至承诺，如果谁能将法拉比邀请来，就奖赏谁。有一天，身着突厥服饰的法拉比出现在大臣的府邸。客人们都嘲笑他，并责备放他进来的看门人。不一会儿，法拉比开始弹奏诗琴，这让在场的所有人都睡着了。随后，他离开了，并在诗琴上留下一段话：阿里·法拉比来了，你们却嘲笑他。他让你们都沉睡后又消失了。这位大臣直到生命的最后也没有忘记这件事。

当大臣看到这行字的时候，忧伤地说："当你还未来得及享受幸福的时候，它就已经很快地消失了。"不管大臣如何寻找法拉比，也没找到，因为当天离开大臣的府邸后法拉比就去了大马士革。

还有人传说，"第二导师"是一个身体健壮、勇敢的人。射箭技术高超，他的箭每次都能命中目标。

虽然这些故事（从一位作者传到另一位作者，从一本书传到另一本书）作为口头创作在当时的民间得到广泛流传，却不能成为法拉比传记的可信材料，但这些资料对伟大导师的介绍、生活细节、兴趣与个性也提供了一些素材。

从这些故事中，也能看出人们对法拉比的热爱。②

① 哈伊鲁拉耶夫·M.M.：《法拉比的世界观及其在哲学史的意义》，塔什干："Фан"出版社1967年版，第156页。
② 同上书，第157—158页。

第二节 我的摇篮——讹答剌绿洲

伊斯兰教在锡尔河流域建立殖民体系之后，该地区成为奥古兹人（公元 7—11 世纪居住在中亚的突厥语部落集团——译者注）首领的驻地，伊斯兰文化在当地具有明显优势。一部分土库曼人开始效忠萨曼王朝，他们获得了自由支配牧场的权利，而保卫王朝边境、反击非穆斯林部族成了他们的责任。居住在萨曼国边境地区的一些突厥人也开始了解穆斯林文化。10 世纪著名的阿拉伯哲学家阿里·法拉比就是这样的一名突厥人。①

A.伯恩斯塔木认为，了解讹答剌的强大文化和由一系列城邦组成的绿洲是非常必要的。因为这里是解释哈萨克草原游牧居民与城邦定居居民相互关系的一把关键的钥匙。②

A.X.玛尔古兰（1904—1985 年，苏联考古学家、东方学家、历史学家）对中世纪讹答剌的研究表现出浓厚兴趣，其专著《城邦与古代哈萨克斯坦建筑艺术历史》（阿拉木图，1950 年）为我们描绘出哈萨克斯坦南部地区城邦生活发展的画面，指出讹答剌在驮运贸易交通体系中的作用和与克普恰克草原各游牧民族的关系。A.X.玛尔古兰认为，哈萨克斯坦南部城邦的定居居民与中部地区的草原游牧居民彼此联系紧密，游牧民族最后在锡尔河流域的城邦定居下来。

讹答剌是中世纪哈萨克斯坦为数不多的城邦之一，它所包含的地域范围学者们没有任何争论。大部分学者都认为，法拉布就是讹答剌。

---

① 巴尔多里德·B.B.：《文集》第 5 卷，莫斯科：科学出版社 1968 年版，第 92 页。
② 阿里·法拉比：《哲学论文集》，阿拉木图：科学出版社 1970 年版，第 16 页。

法拉布这一地名，由塔巴里（公元 838 年或 839—923 年，阿拉伯历史学家——译者注）在阿拉伯人征服中亚地区中首次提到。公元 739 年，根据阿拉伯总督纳斯尔·赛亚尔的要求，恰奇的统治者需将在公元 734 年宣布与突厥人联合反对倭马亚王朝（公元 661—750 年，阿拉伯哈里发国王朝，源自麦加的库莱什部落的倭马亚家族。——译者注）的哈里斯·苏里吉送往法拉布。法拉布与讹答剌两个名称在塔巴里的书中都曾出现过。

公元 7 世纪至 9 世纪初，讹答剌与法拉布尚未合并，它们是两个不同的州，合并应是在这之后。两州交界地区在锡尔河，因此，可以推断讹答剌州在河的右岸，而法拉布州在河的左岸。阿里·法拉比的家乡瓦西吉城就坐落在锡尔河左岸的法拉布州，这也印证了我们的推断。

在阿里·伊斯塔赫里（约公元 850—934 年，阿拉伯地理学家。——译者注）和伊本·豪卡尔（10 世纪阿拉伯地理学家、旅行家与探险家。——译者注）的研究中，把讹答剌与法拉布作为两个不同的州进行了描述。他们在描述法拉布地区的时候指出，该州位于河的两岸，而不是河的一侧。16 世纪的西帕西·扎杰对这一问题的研究非常有意思。他写到，讹答剌是一个有坚固防御工事的城市，地域辽阔，与突厥西帕希（奥斯曼帝国时期由于服军役而领有土地收入的土耳其封建主——译者注）接界，位于距法拉布不远的锡尔河边。

两州合并应该发生在公元 9 世纪上半叶，因为伊本·胡尔达兹比赫（公元 820—912 年，波斯地理学家。——译者注）已将位于锡尔河右岸的城市称作法拉布，法拉布这一名称替代了讹答剌。他还提到，在法拉布城同时出现了穆斯林和葛逻禄人（亦称葛罗禄、卡尔鲁克等，是公元 6—13 世纪中亚一个操突厥语的游牧部落。——译者注）的军队。

公元 10 世纪，法拉布作为州名再次出现。阿里·伊斯塔赫里和伊本·豪卡尔指出，法拉布地区位于锡尔河的中游，离伊斯比宅波（哈萨克斯坦南部古城，丝绸之路上重要的商贸城市，13 世纪后称为"Сайрам"。——译者注）有 2—3 天的行程，距肯宅德地区行政中心苏巴尼肯特有一天的行程。法拉布地区面积不大，长与宽不到一天的路程。伊本·豪卡尔写到，城中有坚固的防御工事和堡垒。该地区主要是盐碱地和一些沼泽，法拉布河的西侧分布有农田。阿里·伊斯塔赫里认为，肯德尔是该地区的主要城市。伊本·豪卡尔还提到，在法拉布、肯宅德和恰奇州之间分布着优良的牧场，居住着近 1000 户已经皈依伊斯兰教的突厥人。

公元 10 世纪的地理文献中也提到了法拉布地区及其中心城市肯德尔。不管是伊本·胡尔达兹比赫，还是阿里·伊斯塔赫里和伊本·豪卡尔均未提到 10 世纪初著名的城市——法拉布。阿里·玛克迪斯（1146—1123 年，伊斯兰神学家。——译者注）的著作证明，法拉布是一座比肯德尔更为古老的城市。他还指出，该地区是以最主要的城市法拉布命名的。法拉布城曾是一个可以派出 7 万人军队的城市，市中心设有清真寺，还有一些商业区与集市。

阿布·拉伊汗·比鲁尼（公元 973—1048 年，波斯学者。——译者注）在其公元 1029—1034 年编著的《Тафхим》一书中曾提到法拉布州。他写到，Шестой иклим 从 каи（处木昆）、кунов（公元 12—13 世纪的突厥民族——译者注）、土库曼人的国家、法拉布和可萨人（一般指西突厥民族，又为卡扎人、哈扎尔人。——译者注）国家等东方突厥人居住地开始。

穆罕默德·伊本·涅德日波·别克拉恩在利用 10—11 世纪文献资料写成的《Джихан-нама》中提到，奥古兹人（公元 7—11 世纪居住在中亚的突厥语部落集团——译者注）最开始在法拉布、咸海和恰奇河两岸定居。

雅库特（公元 1178 年或 1179—1229 年，阿拉伯学者。——译者注）也提到过法拉布城。公元 1211—1215 年，该城与伊斯比宅波、塔拉兹（哈萨克斯坦南部古城——译者注）、苏巴尼肯特、沙乌拉等地在阿拉义丁·摩诃末（花剌子模王朝沙赫，公元 1200—1220 年在位。——译者注）花剌子模军队与古出鲁克（乃蛮部落联盟的汗——译者注）的战争中损毁。

在朱尔贾尼（波斯学者——译者注）15 世纪下半叶的历史记载中，恰奇河发源于突厥斯坦，流经乌兹根州（今吉尔吉斯斯坦奥什州乌兹根市——译者注）后，有安格连河流入，经 А х с и к е т 州（位于今乌兹别克斯坦纳曼干州锡尔河右岸的古城——译者注）、苦盏（今塔吉克斯坦苦盏市——译者注）和法拉布后注入咸海。①

法拉布很可能于 11 世纪中叶前与几个位于伊斯比宅波北部的州一起成为喀喇汗王朝（公元 840—1212 年，突厥人在中亚建立的早期封建国家。——译者注）封地的一部分。

12 世纪的历史文献中没有关于法拉布的记载，因为这一时期的哈萨克斯坦南部与中亚地区正遭受喀喇契丹（中国北方古代民族名，自大石西迁建国以后，在历史上以喀喇契丹的名字著称。——译者注）的入侵。

12 世纪末至 13 世纪初，实力逐渐强大的花剌子模国开始反抗喀喇契丹的统治。历史资料中有花剌子模国远征锡尔河的记载，并再次出现讹答剌这一名称。

在志费尼（公元 1226—1283 年，波斯史学家。——译者注）《世界征服者史》一书中，有专门一章介绍了摩诃末的花剌子模远征军在攻打喀喇契丹返回途中，渡过锡尔河，在伊拉米什谷地与喀喇契丹将领塔延古的军队相遇，并将其击败。在返回时，摩诃末的军队攻下讹答剌城，当时的总督是撒马尔罕王乌斯曼（公元 1200—1212 年在位——译者注）的表弟 Т а д ж а д-д и н Б и л ь г е-х а н，但讹答剌归顺花剌子模的时间不长，公元 1218 年这里曾发生了世界历史上著名的"讹答剌惨案"。

蒙古大军在成吉思汗长子术赤的指挥下征服了居住在叶尼塞河岸边的"森林民族"。维吾尔人也臣服于成吉思汗的统治。统帅忽必诺伊攻占了七河流域的北部地区。成吉思汗在完成对中国北方的统一后，夺取了金朝的都城中都（即今天的北京——译者注）。

公元 1218—1219 年蒙古军队在成吉思汗的指挥下，没有遭遇任何抵抗就夺取了喀喇契丹统治的地区（七河流域和东突厥斯坦——译者注），随后逼近花剌子模国边境。中亚地区的商人在两国关系逐渐恶化

---

① 阿基舍夫·К.А.、巴伊巴科夫·К.М.、耶尔扎科维奇·Л.Б.：《古代的讹答剌》，阿拉木图：科学出版社 1972 年版，第 32—33 页。

的过程中起了推波助澜的作用。很多中亚富商在蒙古军队到来之前已经将蒙古与中亚的贸易紧紧地抓在自己手中，他们与维吾尔人一起被认为是成吉思汗在管理蒙古国家中最主要的谋士。成吉思汗经常从这些商人口中得知花剌子模国的一些信息。摩诃末这时在边境地区部署大量兵力，且数量上远多于此时保持克制、避免挑衅行为的成吉思汗的兵力。公元1218 年，位于锡尔河边境地区的讹答剌城军队在摩诃末的同意下抢劫了成吉思汗派遣的商团，这些中亚商人被怀疑是间谍。500 匹骆驼组成的商队载有金银、中国丝绸、毛皮等贵重商品。商团的 450 人中除有一些商人外，还有蒙古大汗信赖的蒙古贵族。花剌子模士兵将这些人全部杀死，变卖了所有商品，并将所得送往都城。

得知此事后（即"讹答剌事件"——译者注），成吉思汗要求花剌子模交出事件的凶手——讹答剌的守将，并赔偿损失。此后，成吉思汗派到花剌子模都城的使者被摩诃末下令处死，并将其余随行人员的胡子剪光（另一说法是他们也被一起处死）。摩诃末的这一挑衅行为加速了成吉思汗对中亚地区的占领。

公元 1219 年秋，逼近讹答剌的成吉思汗将军队分为三部分：一部分由其子窝阔台和察合台指挥，围攻讹答剌；一部分由术赤指挥，派往毡的（穆斯林地理学家描述的 11—12 世纪的中亚大城市，位置在哈萨克斯坦的克孜勒奥尔达附近。——译者注）夺取锡尔河边的城市；一部分由成吉思汗本人和儿子拖雷指挥主力军队，攻打布哈拉。

蒙古军队强攻占领了讹答剌，但城中要塞仍坚持反抗了一个月（还有说法是 6 个月）。

讹答剌被攻陷后，蒙古军队杀死了城中所有的守将和官兵。[①]

讹答剌在被蒙古军队攻占后的最初 10 年，人们对它了解甚少。13世纪中叶，尽管讹答剌城遭受了严重损毁，但在公元 1219—1220 年，该城曾被重建，并在绿洲政治和经济生活中的作用逐渐加强。首先表现在，讹答剌成为最大的造币中心，这与窝阔台时期将自然税改为现

---

① 加富罗夫·Б.Г.：《塔吉克人：远古、古代及中世纪史》，莫斯科：科学出版社 1966 年版，第 448—449 页。

金税有关。当地造币厂的第一批硬币就是在这一时期生产出来的。1898年在Янгиер（位于今乌兹别克斯坦锡尔河州——译者注）和奇姆肯特县出土的金币非常有名，该金币就是由讹答剌的Менгу-хан造币厂铸造的。

经讹答剌通往东西方的商贸之路逐渐得到恢复。公元1255年亚美尼亚国王海屯一世从忙哥帖木儿（？—1280年，钦察汗国第五任大汗，拔都之孙。——译者注）的营帐返回途中，在讹答剌做短暂停留。他的旅行日记中有对讹答剌的记述，这是蒙古军队入侵中亚地区后对该城的首次介绍。①

讹答剌成为该地区最大的经济中心后，13—14世纪，术赤的后人与察合台的后人为争夺该城的统治权经常爆发战争。在此期间，讹答剌城曾多次易手。14世纪初，术赤的后人占领了该地。《Аноним Искандера 无名伊斯坎德尔》一书中有对Сасы-Бука儿子Ерзеке汗的叙述，指出他是一个非常智慧、虔诚而又富有才华的统治者。讹答剌、沙乌拉、毡的、巴尔奇肯德等地大部分穆斯林学校、哈纳卡（中、近东国家接待朝觐者的建筑，设有清真寺和住房。——译者注）、清真寺和其他一些慈善机构都是由他设立的。②

这些记载表明，讹答剌曾是帖木儿帝国（1370—1507年，中亚河中地区的突厥贵族帖木儿开创的帝国。——译者注）北部边界的重要城市。城中驻有实力强大的守军，管理锡尔河主要的战略渡口。公元1391年，与脱脱迷失（术赤汗后裔，金帐汗国的汗。——译者注）交战之后，帖木儿的军队由讹答尔返回撒马尔罕。

帖木儿将军队主力集中在讹答剌城，为东征做准备。公元1405年1月中旬，他来到讹答剌，接见了脱脱迷失的使节，并承诺予以帮助。

---

① 阿基舍夫·К.А.、巴伊巴科夫·К.М.、耶尔扎科维奇·Л.Б.：《古代的讹答剌》，阿拉木图：科学出版社1972年版，第36页。
② 《大百科辞典》第3卷，莫斯科：苏联大百科全书出版社1955年版，第37页。

但世事难料，帖木儿却于 1405 年 2 月在讹答剌城去世。①

15 世纪上半叶的讹答剌是中亚河中地区（指中亚锡尔河和阿姆河流域以及泽拉夫尚河流域，包括今乌兹别克斯坦全境和哈萨克斯坦西南部。——译者注）北部最大的经济、军事中心。公元 1425 年，乌鲁格别克（也被译作"兀鲁伯"，帖木儿帝国撒马尔罕统治者，帖木儿之孙。——译者注）的左翼部队在远征蒙兀儿斯坦汗国（即东察合台汗国，14 世纪中叶至 16 世纪初中国新疆地区封建游牧政权。——译者注）前曾在讹答剌城及该州越冬。

当时的讹答剌是最具优势的军事堡垒，可以经受长时间的围困。在《Шайбанинамэ》一书中记载了布鲁杜克汗（公元 1480—1510 年，哈萨克汗国可汗。——译者注）的军队对讹答剌城的围攻。3 万余人强攻该城，虽每天都发生激战，但都徒劳无益，该城毫发无损。②

封建贵族们都试图占领讹答剌。争夺该城的战争、劫掠与严重的损毁影响了城市经济的发展。讹答剌开始衰落，亚塞（今哈萨克斯坦的突厥斯坦市——译者注）成为突厥斯坦地区的中心城市，从其名称的改变就能说明这一点。亚塞很久以前就是宗教中心，16 世纪当地开始铸造钱币。该城成为突厥斯坦的都城足以证明其政治、经济中心地位的提高。讹答剌作为一个无足轻重的居民点一直存在到 19 世纪初。③

公元 1749 年，从巴拉克苏丹（哈萨克汗国中玉兹的统治者——译者注）处归来的 M.阿拉诺夫记载了讹答剌城的一些有趣信息。他写到，Икан、Такент、讹答剌、Угустау и Созах 等城市以及这些地方的居民都在巴拉克苏丹的管辖之下。

1762 年，П. И.雷奇科夫（1712—1777 年，俄国历史学家、地理学家。——译者注）在奥伦堡省（俄罗斯帝国和苏联早期的一个省份——译者注）地形测量中有关讹答剌的一些详细信息与这些资料可以相互印

---

① 阿基舍夫·К.А.，巴伊巴科夫·К.М.、耶尔扎科维奇·Л.Б.：《古代的讹答剌》，阿拉木图：科学出版社 1972 年版，第 38 页。

② 同上书，第 40 页。

③ 哈伊鲁拉耶夫·М.М.：《法拉比的世界观及其在哲学史上的意义》，塔什干："Фан"出版社 1967 年版，第 41 页。

证。他详细描述了突厥斯坦的情况，记载了突厥斯坦、讹答剌和沙乌拉地区各种建筑的故事以及当地农业、手工业发展的情况。他还提到，该省过去有近 30 座城市，而现在不到 10 个。目前，上述这些城市由 к и р г и з – к а й с а ц к и е 控制。

讹答剌城最终的衰落发生在 19 世纪上半叶。沙乌拉城的生命也停止了。1868 年来到此地的 П . Н. 帕希诺写到，沙乌拉城近似于一片废墟。从那时起，О т р а р – Т о б е 古城已成为一处考古遗址。[①]

---

① 阿基舍夫·К.А.、巴伊巴科夫·К.М.、耶尔扎科维奇·Л.Б.：《古代的讹答剌》，阿拉木图：科学出版社 1972 年版，第 43 页。

第三节　阿里·法拉比时代

　　人类科学与人类史所记载的 2500 年中，积极推进科学技术发展的时间只有 600 年。因此，在人类历史长河中，这种"沙漠"与"荒无人烟"的现象并不比地球上少。这 600 年又可大致划分为三个时期：希腊时期、罗马时期与欧洲西方各民族时期，每个时期持续近 200 年。除此之外的几千年对人类来说是不幸的。阿拉伯人与经院哲学家更是不值一提，因为他们在当时阻碍科学发展，其消极作用比积极作用更大。[1]

　　欧洲人最早通过阿拉伯和伊朗的逍遥派（亚里士多德哲学的信徒）了解亚里士多德的哲学理论，即使像黑格尔这样的欧洲中心论者也应该承认这一点。黑格尔曾写到，科学在西方基督徒中消失了，是亚里士多德的启明之星照亮了人们前行的道路，重新让西方人了解了他的哲学。诚如黑格尔所言，亚里士多德的哲学遗产并不仅属于他本人，而且在东方也被保存了下来。东方各民族在自己的思想认识中接受了亚里士多德的哲学思想，再由他们或是西班牙的犹太人将这一思想传到了西方世界。[2]

　　我们回到穆斯林世界，首先看一下公元 9—11 世纪的中亚穆斯林。众所周知，在这几百年中科学、哲学与教育的发展空前繁荣。我们所熟知的阿里·法拉比、伊本·西拿、阿里·花剌子密、阿里·比鲁尼和其他一些伟大的创造者们在继承古代科学与哲学财富的基础上，开辟了当时科学与哲学思想发展的新方向。

---

　　[1]　拜坤·Ф.:《新工具论》，列宁格勒，1935 年，第 145 页。
　　[2]　恰拉扬·B.K.:《东方与西方》，莫斯科：科学出版社 1968 年版，第 199 页。

他们探寻各种文明的起源，他们的民族在历史长河中也与这些文明紧密相连，这主要是希腊文化，特别是希腊化时期（公元前334年马其顿亚历山大东侵到公元前30年的一个历史时期。——译者注）。他们在古印度的文明中汲取精神力量，同时要感谢中国古代文明对学者们的影响，他们之后的研究即使不是直接的，也是通过中亚各古老民族同古代中国的密切关系进行的。中亚地区早在古时就是各种文化交汇之地，也是文明中心之一。因此，公元9—11世纪中亚地区的科学家与哲学家是真正的人文主义者，他们像此前的中国学者那样根据自己的理论创立了新式教育，而欧洲则在他们之后才开始这一过程。中亚的学者们跨过当时与古代世界的时空障碍，穿越了自己生活的"中世纪"时代。①

基督教徒比穆斯林更早、更深入地了解到希腊的科学著作，但推动科学向前发展与建立此后科学研究的范式则应归功于穆斯林。甚至在东方基督教中最先进的民族——叙利亚人中也未能产生一位可与阿里·法拉比、伊本·西拿、比鲁尼和伊本·路西德相提并论的学者。优秀的基督教和异教徒学者在穆斯林当中拥有更大的成绩和读者，而并不是在自己的同一信仰者当中。②

公元9—10世纪，科学研究主要集中在底格里斯河与幼发拉底河流域，一部分在巴士拉（阿拔斯王朝时期的库法逐渐失去了之前的地位）这样的老文化中心，一部分在土耳其的卡雷（哈兰的旧称——译者注），希腊文明从安提俄克（古叙利亚首都，现土耳其南部城市。——译者注）转移到此，还有一部分在哈里发的首都巴格达。当时，巴格达从穆斯林世界各地吸引了众多的文学家和学者来到这里，但还是以来自波斯和中亚地区的人数最多。③

公元9—12世纪哈里发国家的文化比同时期的欧洲文化高出许多。对科学与哲学领域创造性改造希腊传统的哈里发学者们来说，"中转性"是这些哈里发民族最高的历史功绩。他们的著作和活动促使欧洲人更加

---

① 坎拉德·H.И.：《西方与东方》，莫斯科：世界文学出版社1966年版，第94页。

② 巴尔多里德·B.B.：《文集》第6卷.莫斯科：科学出版社1966年版，第125—153页。

③ 同上书，第165页。

深入地了解东方民族。阿里·法拉比、比鲁尼、伊本·西拿和其他许多中世纪学者的著作不仅为哈里发国家，也为人类文化与科学发展做出了巨大贡献。医学与数学论文、天文学图表被译成阿拉伯语传入西方世界，并占据了几百年的统治地位。东方在发展西欧文学方面也起到了重要作用，甚至还有一种推测认为，罗马诗歌中的韵脚就是从阿拉伯诗歌中传入的。①

正是由于中亚与伊朗各民族优秀人物的卓越活动，希腊语、印度语文献资料才被译成叙利亚语和钵罗钵语（古波斯语），并将这些知识传播开来，打破了宗教思想的统治地位。这为此后更加广阔、深入地研究科学与哲学奠定了良好的基础。

中亚、伊朗和阿拉伯各民族哲学思想的进一步发展与新的封建制度的确立密切相关。正是在这一时期，学者们开始积极研究希腊的异教哲学与科学，特别是亚里士多德的哲学思想。

他们主要研究方向是唯物主义的发展，即对当时处于统治地位的伊斯兰教思想的抵制促进了哲学发展。也正是这些矛盾与对抗构成了封建时期阿拉伯哈里发国家思想争鸣的基础。

在与伊斯兰教关于宇宙的理解以及人类在宇宙中的作用的争论中，穆尔太齐赖派（公元 8—12 世纪伊斯兰教的一个派别。——译者注）、圣洁兄弟会、阿里·金迪（公元 801—873 年，阿拉伯学者。——译者注）、阿里·马里（公元 973—1057 年或 1058 年，阿拉伯诗人、哲学家、语文学家。——译者注）、法拉比、伊本·西拿、奥玛·海亚姆（公元 1048—1131 年，波斯学者。——译者注）、伊本·巴哲（公元 1070—1138 年，阿拉伯哲学家。——译者注）、伊本·图费利（公元 1100—1185 年，阿拉伯哲学家、医师、文学家。——译者注）、伊本·路西德（公元 1126—1198 年，阿拉伯著名哲学家。——译者注）等人的进步哲学思想使用了新柏拉图主义的泛神论思想和逍遥学派的唯物主义感觉论理论。

① 加富罗夫·Б.Г.：《塔吉克人：远古、古代及中世纪史》，莫斯科：科学出版社 1966 年版，第 324 页。

　　此外，进步哲学家还以德谟克利特（古希腊唯物主义哲学家——译者注）、伊壁鸠鲁（公元前341—前270年古希腊唯物主义哲学家——译者注）、柏拉图（古希腊唯心主义哲学家——译者注）、亚历山大（指阿弗罗狄西亚的亚历山大，公元2世纪末—3世纪初古希腊逍遥派哲学家。——译者注）、斯多葛派哲学家（古希腊哲学派别，以顺从自然为其伦理学基础，要求人节制欲念。——译者注）、新毕达哥拉斯主义者与印度的哲学家理论为基础。新毕达哥拉斯主义者和印度哲学家对苏非派（伊斯兰教神秘主义派别——译者注）的发展也产生了极大影响。

　　如前所述，进步哲学思想的主线旨在反对伊斯兰教的一神教。伊斯兰教的神不但有别于亚里士多德的神，而且与新柏拉图主义的神的概念也不尽相同。伊斯兰教中的神是一个非常崇高的存在，是一种创造宇宙的永恒精神，神的想法具有至高无上的地位，并能在宇宙中得以实现，自然界与人类生活的一切都按照其意志发生。世界的一切不是按自然规律（这种规律对伊斯兰教的安拉来说是不存在的），而是按照神的无限意志发生的，他在任何时候都可以"撕破"客观事物的自然联系。

　　新柏拉图主义把神看作有至高无上权利的万能者，是万物存在的始因。这一重要特性是统一的，无法对其进行认知与解释，用理性、思维与意志也无法感知到它的存在。理智作为第一"辐射"由首要特性派生出来，万物的存在都是通过研究一系列的"辐射"而产生的。首要特性（即神）不是宇宙的创造者，而只是首因，其他一切都发源于这一首因。根据新柏拉图主义理论，不能把"辐射"作为时空的某种事实来理解。因为时空本身也是在"辐射"过程中，而且是在其最后阶段产生的。新柏拉图主义者向人们传授存在初始阶段通过"辐射"途径产生的过程。而且，不能把这一过程称为发展，因为这一过程不是从低级向高级变化，恰恰相反，是由高级向低级变化。

　　与严格信仰一神教的伊斯兰教不同，新柏拉图主义有较强的泛神论与多神教趋势。当时的新柏拉图主义允许在有主神的同时，还存在其他的神，这是对多神教的创造性理解。从这一点上看，新柏拉图主义是对伊斯兰一神教最激烈的宣战。

新柏拉图主义的泛神论倾向对东方神秘主义（苏非派）和阿尔·拉济（公元865—925年或934年，伊朗百科全书学者、医师、哲学家。——译者注）、法拉比、伊本·西拿、伊本·图费利、伊本·巴哲等一些近东思想家的哲学理论都产生了重大影响。

进步思想家与其他学说斗争的最重要成果是确立了宇宙无限性的理论。借助新柏拉图主义的泛神论以及德谟克利特、亚里士多德、伊璧鸠鲁等希腊思想家的理论，近东的思想们把世界作为客观现实存在看待，认为自然世界按照自身、自然的规律发展。与伊斯兰教人可以脱离自然存在的原则相反，他们将人看作是自然的一部分，人可以认知客观现实。客观现实决定论与伊斯兰教关于世界的认知、命运的结局和教条认知方法相悖，据此确立了解释自然与人类的自然主义、唯物主义原理，并在伊本·路西德的哲学中找到答案。[①]

对法拉比社会哲学思想形成产生决定性影响的主要有以下四个方面：（1）中亚、印度、伊朗和近东国家等古代东方的文化传统；（2）反哈里发和反封建起义及其思想；（3）当时自然科学思想的成就；（4）古代哲学。[②]

塔吉克人、乌兹别克人、哈萨克人、土库曼人、维吾尔人和吉尔吉斯人的祖先在古代由于其文化、传统和生活的共性而进入一个独具特色的统一文化区。畜牧业在很多方面是对农耕经济的补充，而且这两种经济类型不是以"纯粹"的形式存在。哈萨克斯坦南部的许多城邦在游牧与定居居民之间起到了重要的纽带作用。

中世纪哈萨克斯坦南部、七河流域城邦与农村遗址的考古发现表明，从中世纪早期（公元6—8世纪）开始，哈萨克斯坦南部城邦与中亚地区其他城邦在经济、文化方面已经互相影响。贸易在很大程度上对经济文化的交流起到重要的促进作用。特别需要指出的是连接东、西方

---

①　戈里高利亚·C.H.：《近东与远东民族的中世纪哲学》，莫斯科：科学出版社1966年版，第347—348页。

②　哈伊鲁拉耶夫·M.M.：《法拉比的世界观及其在哲学史的意义》，塔什干："Ｆａｎ"出版社1967年版，第175页。

的"丝绸之路"和将梅尔夫、撒马尔罕、布哈拉、恰奇与塔拉斯、伊斯费宅波、库蓝和讹答剌联系起来的商贸驮运之路。历史文献材料与丰富的考古资料为现代人描绘出当时经济发展及相互关系情况。从建筑流派、建筑技术、工艺品与艺术品的共同性上都可以发现这一点。当时，形成了共同的建筑和工艺品艺术，同时每个地区有自己独具特色的文化传统。爱莎·比比陵墓（位于哈萨克斯坦江布尔州）就是典型代表。古代的讹答剌位于草原与定居居民、农耕经济与游牧经济的结合处，多条商贸之路在此交汇。因此，在这一文化环境中出现了阿里·法拉比这样的独特人物。

当然，阿里·法拉比吸收了更广泛的传统文明，并不受限于自己的家乡，否则他本人也不会被收录到世界文化名人大全当中。他活动的文化区域十分广阔，而外部形式上表现为只在阿拉伯地区展开。尽管哈里发不能创造一个稳定的经济、政治统一环境，总是进行折中主义的联合，但文化联系与接触为精神文明的进步创造了条件，共同的语言促进了思想交流。[①]

神学的发展依靠阿拉伯语，并把它看成是"神圣"的语言、先知的语言，甚至是"神"的语言。对学者们来说，阿拉伯语具有分布广的优势，能为科学著作在远离本土的地区找到读者。当时世俗学者的数量不多，所以扩大读者范围对他们来说意义重大。

那时，中亚地区的科学发展不仅在哈里发国家，而且在世界范围内都处于前列。当地人民在阿拉伯人统治初期就掀起反抗伊斯兰教的斗争，他们急切寻找合适的斗争武器。正是因为这一斗争为古希腊科学发展到哈里发国家创造了前提，对世俗科学的发展也极为有利。10世纪前，中亚地区的城市成为主要科学中心，在一系列科学领域，特别是数学、天文学和医学等方面取得了独一无二的成就。

那时的学者都是"百科全书式"的，通晓当时已知的知识领域。因此，如果他通晓某一门具体的科学，而且还是一名语文学家、哲学家，甚至

---

① 阿里·法拉比：《社会伦理学论文集》，阿拉木图：科学出版社 1973 年版，第 15—17 页。

是神学家的话，通常会被授予 Хаким（智者、学者）的封号。当时还使用 файласуф 一词，指同穆斯林正统思想毫无关系，主要研究古希腊哲学的学者。

如果把阿里·法拉比周游路线图延伸到哈萨克斯坦、中亚与近东地区社会、民族、文化进程的复杂性中进行考虑，就能清晰地展现出9—10世纪文化融合的图景线路。该路线图表明，由于阿拉伯哈里发国家内部的离心力与事实上的解体，哈萨克斯坦南部地区已成为穆斯林世界文化政治生活中心之一。我们看到，此前的中心地区早已失去其政治意义，并且不再作为文化的发源地。我们可以仔细研究一下农耕与游牧部落、突厥与伊朗民族、不同宗教信仰的部落与民族之间的密切联系。中世纪闻所未闻的宗教信仰出现在穆斯林、基督教徒和犹太教徒的共同生活当中，出现宗教比较、自由思想的趋势，这些表述在阿里·法拉比的哲学观点中都有所体现。①

讹答剌不是哈萨克境内唯一的文化绿洲。由于研究者的不懈努力，还发现了其他一些文化中心（如塔拉斯、瑟格纳克、突厥斯坦和梅尔盖等）。我们确信，居住在这片土地上的部落创造出了先进的艺术、手工业与科学。很久以前，他们拥有古老的突厥文字，历史学家和语言学家试图解释这一文字是否出现在公元前300—前400年前，甚至更为久远的年代。因此，像阿里·法拉比、伊斯哈卡·阿里·奥特拉里、阿里·西格拉盖、阿里·克普恰克、卡德尔卡里·扎拉里等哈萨克斯坦学者的著作出现在这块文化土壤中是自然而然的。阿里·法拉比在这些杰出人物中独领风骚，成为世界知名学者。

东方复兴时期的文化发展有以下几个特点：

1. 追求世俗教育，并成为这一时期社会文化生活不可分割的一部分和教育的主要特征。

2. 广泛吸收前人的文化成就，包括印度文化、希腊文化等其他文化（首先是自然科学以及与其相关的哲学领域的著作）。这一过程不仅

---

① 阿里·法拉比：《社会伦理学论文集》，阿拉木图：科学出版社1973年版，第12页。

应将其看成是对原来的回归，还要看成是被遗忘的文化价值的复兴以及在此基础上创造性地建立新的文化价值。

3. 对待自然的态度、研究自然资源、揭示和利用自然奥秘都是自然科学知识发展的结果。

4. 与自然科学发展密切相关的唯理论、对待理性的态度、将理性作为真理的标准以及这一过程的结果——逻辑知识的发展成为研究与教育的概念。正是在这段时期，大量古代逻辑学论著被翻译出来。

5. 反对、对抗宗教教义及其理性，批判因循守旧与各种罪恶，脱离正统宗教，发展自由思想。

6. 在认知、道德能力及人的素质中表现出人道主义，将人作为自然的最高创造者对待。

7. 文学作品与知识分子对口头、书面词语以及语文学的热爱。华丽的辞藻、优美的语言和诗歌的结构都被认为是文化人不可或缺的品质。文学形式被看作是科学文章的重要特性。用诗体形式写科研文章是比较寻常的现象，甚至自然科学家也积极从事语文学、诗学、演说术的研究，因此，比鲁尼和伊本·西拿的文章用这种体裁写作也就不足为奇了。

8. 综合性、百科性，同时掌握多门科学是这一时期的特点。因此，许多学者都能在多门学科领域内进行富有成效的研究，甚至诗人、优美文学的创造者都会表现出渊博的科学知识。贾希兹（约公元767—868年——译者注）是著名的诗人和思想家，写出了大量哲学、医学、历史、诗学、几何学及其他学科领域的著作；阿尔·拉济是化学家、医生、药理学家和哲学家；伊本·西拿是医生、数学家、天文学家、哲学家、心理学家、植物学家和矿物学家。正是综合性的特点为研究自然的完整性与统一性提供了可能。①

---

① 哈伊鲁拉耶夫·M.M.：《法拉比的世界观及其在哲学史的意义》，塔什干："Фан"出版社1967年版，第126—127页。

第四节　论理性与科学

一　论理性的意义 [1]

"理性"一词具有多种含义，通俗地讲，它表示某人非常智慧、聪明之意。还常见于穆台凯里姆派[2]（公元 7—8 世纪的伊斯兰教派——译者注）的争论当中，他们每个人对"理性"都有自己独特的理解。该教派经常提到，这是"理性"确立的或这是"理性"所反对的。第三种情况的"理性"指亚里士多德在论文集《论证》[3]中涵盖的内容。在《伦理学》的第六卷中也谈到了"理性"。此外，在《论精神》和《形而上学》[4]等文中也有所涉及。

人们在日常使用过程中，当表示某人聪明之意时，"理性"可以解释为一种理解力。因此，有时把这样的人也称为智慧之人，有时在类似的情况下又避免这种叫法。人们常说，理智的人需要信仰，即高尚的

---

[1]　本论文集的开篇之作是根据 Fr:Dieterici, *Alfarabi' s Philoaophische Abhandlungen*.Leiden1980 版翻译的。

这篇论文虽然篇幅不长，但对中世纪的科学研究意义重大。文艺复兴时期拉丁语版的论文被多次再版发行，题目为 "De intellectu et intelligibili" 或 "De intellectu et intellecto"。在著作中阿里·法拉比确定了多种词义，其中"理性"一词用作哲学术语使用范围最广。著作的俄文版最早刊登在 1970 年第 8 期《哲学问题》上，此后在《阿里·法拉比哲学论文集》中（阿拉木图，1970 年）出版。

[2]　穆合凯里姆派——7—8 世纪伊斯兰凯里姆教派的拥护者和追随者，他们推崇从实践中获得人类理性的主导权，实际上采用的是宗教教义。

[3]　阿里·法拉比所说的"证明、论据"指的是亚里士多德的《Вторая Аналитика》。

[4]　Фр.Дитеричи 指出，在一些翻译成欧洲语言的《论理性的意义》一书中，"智慧"一词有了第六种含义。阿里·法拉比在这里发展了初因思想，即上帝是对所有存在发挥作用的关键因素。这种初因是思维与存在的统一，由初因理解的存在起因就是这种存在的存在。

品德，将品德高尚、行善避恶的人称为"理性"之人。

人们常用奸诈、狡猾等类似的词称那些在做恶事时头脑灵敏的人。

理智表现为行善避恶，即所说的"理性"。在这种意义下，人们所指的"理性"就是亚里士多德概括的理性意义[①]。如果某人被称为理智的人，即该人具有正确区分该做某事与拒绝做某事的能力。

在检验某人是否理智的时候，如果将利用自己聪明才智的恶人也称为理智的人，这是让人无法接受的。如果问他们，是否可以用狡猾、奸诈等类似的词称呼那些利用自己聪明才智做恶事的人，人们则会给予肯定的回答。

以上我们可以看出，理智之人是指聪明、伶俐、品德高尚的人，他们利用自己的才智与能力行善避恶，是真正理性的人。

根据这一点，可把人分成两种类型。一种是那些没有信仰的人与凭借自己的聪明伶俐做恶事的人，这些人都不可能成为理智的人。另一种是在各方面表现出聪明才智的人，这才可以被称为有理智的人。

如果问及，是否可以将在行恶时表现出聪明智慧的恶人称为理智的人时，人们或是拒绝回答或是反对。于是人们开始在俗语体中使用"具有理智"一词表示理性的意义，而亚里士多德的理性含义是指在适当的时间与情况下需要做什么的一种理智。

与此同时，理性的人也应该是一个道德高尚之人。

穆台凯里姆派经常争论理性的含义。他们每个人对此都有自己独特的见解。他们认为，这是"理性"确立或"理性"所反对的，或这是"理性"允许的或是"理性"禁止的。他们在这种情况下接受公认的意见，并将大部分人的意见视为理智。"理性"一词在其论点和书中出现并被经常使用，最终逐渐为人们所熟知。

---

① 阿里·法拉比以人们对人理性的公认概念为出发点，这种概念自身包含着意图与行为的正面民族特点。善良与真理两种身份的有机结合以这种概念为基础，阿里·法拉比认为，他发展了亚里士多德在《尼可玛可斯伦理学》中的观点。（参见亚里士多德《尼可玛可斯伦理学》第6卷，圣彼得堡，1908年第107页）。

　　亚里士多德在《论证》①一书中所使用的"理性"一词只是指人内心的一种能力，人在这种能力的帮助下获得包罗万象的、真正的和必要事物的认识，而不是通过三段论或沉思的方式认识事物，但人天生或从小获得的这种能力从何而来还尚未可知。这种能力是人内心的一部分，因为内心可以在没有经过沉思或推断的情况下获得最初认识。对上述始因性质的正确认识和始因自身的认识都是理论知识的基础。

　　在《伦理学》②第6卷中，亚里士多德的"理性"指的是人内心的一部分，借助于不断重复，内心获得某种习惯与某类事物共同性的经验，之后获得对起因的正确认知以及选择、避免事物的判断。亚里士多德在《伦理学》第6卷中将内心的这部分称为理性。通过这种途径获得的判断是理智的基础，因为人们这时需要作出应该选择或是避免某种事物的结论。

　　这些判断属于实践思维的研究范围，因为《论证》一书中提到的最初动因是借助于判断进行研究的。在起因的基础上对需要重视的思辨事物的理论性研究同样如此，因为这些判断对研究应该选择或是避免的实践性事物来说是具有理性的。

　　亚里士多德在《伦理学》第6卷中谈到的理性，在人的一生当中是不断扩大的。他所说的那些判断在理性之中得以强化，并不断增加以前从未出现的新的判断。人们因亚里士多德称为理性的内心部分的不同而显现得各异，并在此基础上互相超越，而那些完善某种事物判断的人

---

　　①　亚里士多德在《Вторая Аналитика》一书中写道，认识的过程始于《заранее известное》，始于显而易见而不需要证明的真正起因。之后，这种起因成为论证知识的基础，正如亚里士多德所说，必须接受起因的存在，其他的存在是需要论证的。只有人的智慧才能达到论证，智慧在经验的基础上通过归纳法才能获得论证。参见亚里士多德《Вторая Аналитика》第1卷，莫斯科，1952年。

　　②　内容阐释了由习惯产生的伦理美德发源于理智德性。伦理美德的发展始于意图和目的，二者在追求中得以实现。真正的理性产生良好的意图，有良好的意图就会出现正确的追求，这可以表述为向往真理和预防谎言。因此，亚里士多德提到理论性与实践性的思维；前者只在意图中区分善与恶，是不能实现的。后者区分活动中的善与恶，并将意图与追求联系在一起。参见亚里士多德《尼可玛克斯伦理学》，第6卷第2章，第108页。在阿里·法拉比的《国务活动家格言》一文中也提到了"实践理性"，由于"实践理性"的存在人才能认识喜欢什么与躲避什么。参见阿里·法拉比《社会伦理论文集》，阿拉木图，1973年，第206页。

则成了权威。所谓权威是指其意见为人所接受，而且不需检验的人，甚至提出一些毫无根据的看法也能被接受。

人只有到了老年才具有这种特质，因为内心部分需要积累经验，而经验是长期形成的，并通过判断在人的内心中得以强化与巩固。

穆台凯里姆派认为，他们彼此之间争论的理性概念就是亚里士多德在《论证》一书中谈到的理性，除此之外，没有与其含义更相近的了。但是，如果审视一下他们提出的前提就会发现，这些前提都是普遍公认的。因此，他们在表述自己观点的时候依照的是一种事物，而实际上他们依据的又是另外一种事物。

亚里士多德在《论精神》里将提到的理性分为四种：（1）可能理性；（2）现实理性；（3）获得性理性；（4）积极理性[1]。

可能理性[2]指某种内心或内心的一部分，是一种内心的能力，其实质是使现存事物的形式和本质与物质相脱离，并将其形成形式。

但物质形式没有同与事物存在相联系的物质相分离[3]，只是成为可能理性的形式。与物质相分离并成为可能理性形式的形式，实质的本质等这些名称都来源于对实质的称呼[4]，而实质可以将现存事物的形式与现存事物成为本质的形式相分离。这样，可能理性就是实现形式的基础。你可以想象一下蜡这种有形的物质。如果在蜡上面做出一个印记，那么这个痕迹的形式将占据蜡的表面，具有一定的深度，这种形式包含的物质完全变成了这种形式并不断扩展，这样就非常容易理解事物本质的形

---

① 亚里士多德在《论精神》一文中阐述的关于人精神的积极与被动理性的学说同可能与现实、物质与形式等所有事物一样具有两面性。人的理性是被动的，尽管有积极、永恒的理性，但它在现实化上取决于现实世界。消极理性具有多种积极理性的表现形式，缺少消极理性人就不能进行思考。参见亚里士多德《论精神》，第3卷，第4、5章，莫斯科，1937年。阿里·法拉比对此进行了细化，区分为可能的、现实的、后天获得的与积极的理性。

② 可能理性符合亚里士多德被动理性或可能理性的判断。可能理性是指个体具有感知所有现实存在的能力。阿里·法拉比认为，如果理性将现存事物的形式与存在相关的物质相分离，吸收了事物的本质或概念，消极状态的可能理性可以变为积极理性。

③ 阿里·法拉比对物质形式与非物质形式进行了区分。当物质表现为现实形式时，例如木头做成了床，就是物质形式，即亚里士多德所说的《形式》。阿里·法拉比的非物质形式是指理性脱离了事物本身，通过感知进行理解。

④ 有时阿里·法拉比将理性称为本质。

式是如何形成的了①。因为本质是形式的基础与存储之地，但与有形物质不同的是，本质只被理解为形式的轮廓，而不是存在的内容。

本质②的独特性在于，它没有与本质的形式相分离，而且，本质自身成为这种形式。

这好比在蜡表面刻上的圆形或方形的印记完全刺入蜡的表面一样，在其表面分布，长、宽、高等方面都涵盖了蜡这种物质。于是蜡成为印记的形式，其本质与形式的本质融合在一起了。

该事例表明，如何从本质中实现现存事物的形式，亚里士多德在《论精神》中将其称为可能理性。这时，理性尚未获得现存事物的形式，仍处于可能理性阶段，如果理性的形式按照前述内容得以实现，它就将成为现实理性③。

如果脱离物质的本质，通过理性获得认知，就会成为现实本质。在与物质相分离之前，本质是可能被认知的，当摆脱物质之后，本质的认知就成为现实，成为理性的本质形式。本质通过被认知的现实本质变成了现实理性，被认知的本质和现实理性其实是同一事物。因此，思维的本质不是别的，而是被认知的本质成为本质的形式，因为本质自身变成了形式。换句话说，思维的现实本质、现实性思维与现实性的本质是同一的。

可能本质首先成为现实本质，是内心之外的物质形式。当可能本质变为现实本质时，其存在就不再处于物质形式，其固有的存在形式将发生改变。物质形式的存在与处所、时间、位置、数量、性质、行为等各种范畴相关。当本质获得现实性时，其中的很多范畴就会发生偏离，其存在形式与原来大不相同，这些范畴意义同以前相比也发生明显变化。

---

① 有时阿里·法拉比将理性称为本质。

② 同上。

③ 阿里·法拉比将现实理性与思维和存在的辩证统一联系在一起。在认知行为之前，理性具有两种关系：一种是主体性，即具有认知能力，但尚未发展自我；另一种是客体性，即事物具有思考、感知的能力，是可能性的被感知。被感知的本质通过可能性变为现实性，可能理性获得现实性，成为现实理性。

举一个处所的例子。如果你要思考如何解释"处所"这个概念，那就说明你在诸多范畴中没有找到属于"处所"的范畴或是你按照自己的理解进行解释，赋予了它另外一个含义。

当现实本质得以实现，它就将成为世界上存在的一种事物，由于已被感知，所以可以将其归为现存事物的总体当中。

自然界的现存事物都能为理性所感知，本质的形式也都会被实现。如果本质变成了现实本质，即现实理性，将不会有任何事物能够阻止其被感知。如果本质被感知，就成了现实理性。

理性成为现实理性是由于本质变成了理性的形式，因形式而变成了现实理性。对尚未被现实理性实现的本质来说，理性又是可能理性。如果理性使第二种本质得以实现，那么理性相对第一种与第二种本质来说就是现实理性。如果理性对所有本质来说都是现实理性，它就会成为现存的一种事物，成为现实本质，那么理性本身变成了现实理性，它不是在自身之外，而是在自身之内感知现实的存在。

这样，我们就能清楚地看到，理性的本质是现实理性，如果理性感知到本质，理性就不会获得与自身存在与现实存在相异的现实存在之物。换言之，理性通过本质感知到现存事物，被感知的现存事物的存在处于理性的本质之中。

事物的本质能成为现实本质，因为在认知之前，本质已经具有成为现实本质的特性。对现实性事物的感知会使事物自身的存在变成实际理性的存在，导致与之前对事物的感知发生矛盾。因为第一次事物与物质状态形式相分离，成为可能本质，随后再次被感知。本质的存在与先前发生了变化，它借助于事物的形式摆脱物质，而最终成为现实性本质。

现实理性获得本质之后，只有当本质是理性的形式时，本质才具有现实性。此前我们认为的现实理性变成了获得性理性 ①。

---

① 获得性理性是从主体性角度看待的现实理性，即实现其感知的能力，并将外部事物的形式转变为事物自身的形式。

如果现实存在不具有或从未具有过物质形式①，在认知时，它们就获得了存在形式，即开始认知现实存在此前曾经具有的存在。

因此，我们认为，首次被认知的事物是指物质形式与事物自身相分离，获得了此前具有的存在。

如果事物在本质上具有非物质形式，那么理性的本质就不需要将事物与物质形式分离，因为事物自身已经处于与物质相分离的状态，感知事物的本质只能依靠现实理性。现实理性将非物质形式与非物质形式的认知结合在一起。由于已被感知，非物质形式的存在变成了第二种理性，即获得性理性，其含义是指非物质形式的存在，而这种存在是非物质形式之前具有的，并曾为理性所感知。可以理解为，非物质形式的存在，在认知之前就已经具有我们认知到的存在形式。对可能理性处于人内心之外，还是处于人内心之中的判断其实是同一的，都是指从未有过的非物质形式。因此可以说，现实理性存在于人内心之中，而非物质形式准确地说，存在于整个世界。

形式只有在全部或大部分作为现实本质被实现之后才能被完全认知，并开始出现获得性理性。形式被认知以后，成为理性的形式，因为这是获得性理性。获得性理性是这些形式的基础，是现实理性的形式。现实理性自身是获得性理性的基础和物质形式，同样现实理性是可能理性的形式，而可能理性的本质是其物质形式。

此后，非物质形式开始下降，与物体和物质形式相结合，物质形式逐渐上升，直至与物质相分离，变为非物质状态。

非物质形式从来没有，也将不会具有物质形式，属于较为完善的等级，并且独立于物质。在非物质形式的存在中有某种秩序，获得性理性在这一等级中是不完善阶段的最终形式。随后，非物质形式开始下降，直至达到本质②并获得处于低级阶段的内心能力。此后，出现自然界。等级下降到处于存在最低级阶段的自然元素形式，而最低级的基础——最初物质是这种存在形式的基础。

---

① 阿里·法拉比此处的非物质形式可能是指月上世界的存在。
② 同上。

形式从最初的物质状态逐渐上升，达到最初物质的有形形式——自然界，一直达到本质①。之后继续上升，最终以获得性理性，即某种类似于星星的事物结束。最初的物质与物质形式是事物等级结构的界限。形式达到脱离物质之后的第一阶段，即积极理性阶段②。

亚里士多德在《论精神》第 3 卷中谈到的积极理性是与物质相分离的状态。它从未具有也不会与物质发生联系。这种理性在某种程度上就是现实理性，与获得性理性也非常相近。它将可能理性变为现实理性，将被感知的可能理性转变为相应被感知的现实理性。

积极理性与可能理性的关系好比太阳和黑暗状态下具有视力的眼睛一样。黑暗具有可能的透彻性，同时具有现实的不透彻性，因为黑暗处于光明的反面。当光线射入眼睛、空气或其他类似之物时，眼睛会立刻感受到光明，成为具有现实视力的眼睛，颜色也成为现实可见的颜色。

而且，我们确信，眼睛具有现实的视力不是因为光线的照射，而是透彻性使眼睛获得了可见物体的形式，因此眼睛具有了现实的可视能力③。

眼睛接触到阳光或其他光线，具有了现实的可视能力，而且由于与眼睛接触的空气具有透彻性，才使可能性的视力变成现实性的视力。

具有可能性视力的眼睛变为具有现实性的视力，其基础是阳光能

---

① 根据认知过程，阿里·法拉比制定出整个宇宙的分级结构。他将宇宙分为两个世界：月下世界和月上世界。"辐射"源或其周围一切事物的本质，即第一存在或初因是宇宙生命活动的原因。第二存在或天际领域由第一存在派生，阿里·法拉比将其计为 10 种。每个天际领域都有令其保持运动的精神。精神从天际领域的理性中汲取力量，而所有的理性从第一存在和源于第一存在的"辐射"中吸取力量。

阿里·法拉比将处于产生和消亡过程的月下世界分为几个阶段，其最高阶段是本质为现实性概念世界的获得性理性，最低阶段是第一物质，在积极理性作用下第一物质产生最低形式——自然元素形式。出现的这些形式通过一系列发展达到获得性理性阶段。过程分为两方面：首先积极理性将形式下放，被感知的本质变为现实性本质，随后这些形式得到现实化，开始出现不断发展的完善阶段：石头、植物、动物性非理性形式和动物性理性形式。动物性理性形式是指人——获得性理性的代表者。

② 最后的宇宙理性是一种积极理性，因为属于地面世界，所以它不参与天际运动。地面世界的非物质本质通过不停地作用实现可能理性，同时将可能理性变为现实理性，被感知的可能性本质变为可感知的现实性本质。这样，最后的宇宙理性间接表现事物的形式和个体理性。

③ 意思是视觉行为假定世间的物体，但这对于看见物体远远不够。没有眼睛的积极活动我们看到的只是可能性的物体。

够到达眼睛的透彻性。

理性的积极性对可能理性的赋予与透彻性使眼睛具有现实的可见能力是相同的，正是积极理性的这种赋予才是可能性本质成为现实性本质的基础。好像阳光照亮了眼睛，使其具有现实的视力，可能性视力变为现实性视力一样，积极理性使可能理性变成现实理性，可能性本质成为现实性本质也是如此。

积极理性是一种获得性理性，处于积极理性之上或处于其中的现存事物的非物质形式没有消失，也不会消失。但非物质形式在积极理性中的存在不同于其在现实理性中的存在，原因在于低于实际理性的事物已经调整好，准备处于先进事物之前。我们大部分情况下都在向较为完善的存在方向上升，而远离尚不完善的存在，这就是亚里士多德在《论证》一书中对人们从已知走向未知内容的解释。

最为完善的存在是我们所知最少的存在。

由此，我们得出以下结论：在现实理性中，现存事物的秩序与积极理性确立的秩序相对，因为积极理性首先要认知最完善的现存事物。与物质相结合的形式在积极理性中则是分离的，原因不在于其先前存在于物质之中，后来脱离了物质，而是由于这种形式一直存在于积极理性之中。形式借助于最初物质与其他物质结合，只是它赋予物质的积极理性形式。我们认为，现存事物的产生是最初的目的，现存事物由形式构成，为构成事物需要物质的处所，这种物质与形式在积极理性中不可分割，但在物质中则可以分离。

毫无疑问，积极理性或其由不可分割事物构成的本质是不可分的。它将类似于其本质中包含的内容赋予物质，而物质将这些内容分开再创造。亚里士多德在《论精神》中对此也进行了阐述。

感谢真主安拉赐予我们幸福，为我们指引正确方向！

二　论化学 [①]

我曾为本文确立了一个目标：探究化学艺术的重要性，对其作出合理的解释，并指出一些化学研究者的谬误及其错误产生的原因。

有两种人对化学艺术的认识出现了偏误：第一种人否认、歪曲化学的重要性，第二种人承认其重要性，但对此进行夸大。这两种人的看法都是错误的。我认为，有些人对化学进行描述时，赋予其一种神秘色彩，认为只有那些知识渊博且相当聪明之人才能理解化学。他们使用诗体的表达方式阐述这门学科，作出一些类似真理的结论，而有时这些所谓真理的结论则完全是不符合实际的谎言。

不理解化学学科的人们认为，从化学研究者的话语中完全得不到这门学科的知识，因为他们的论断含混不清。在某些类似真理的结论中，充满了类似诗句的含混表达，其结果是一部分论断使其他论断更加模糊。因此，有些化学研究者的思维是混乱不堪的，常用一种观点来代替另一种观点。这些相似表述的目的是让人们理解他们阐述的问题，但由于人们的能力所限，无法领悟那些符号、象征与理念。因此，人们无法理解这门学科，也无法理解通过隐晦手段进行描述的内容。因为这门学科本身就是模糊不清的，即使使用人所共知的表述方式也让人难以理解。化学属于物理学的一个领域，而物理学本身就是非常难以掌握的。物理学研究的是具有相似结构的复杂物体，也就是矿产。而且如果该学科的某个分支领域未被认知，就无法获得完整的正确论据。矿产只能在完全了解逻辑学和此前出现的物理学领域之后才能被认知。

---

① 本文由土耳其历史协会公报《Turk tarih kurumu》上的阿拉伯语文章翻译而成（第 15 卷，第 53 期，安卡拉，1951 年）。

文中阿里·法拉比主张，应承认理论性思维的独立意义和哲学、数学对化学的必要性。从以下一些专业化学概念中我们可以了解化学发展初期的一些重要特点——炼金术被解释为将黄金和白银作为价值手段的朴素的政治经济学判断，是一种秘密学说；将化学作为物理学的一个领域；由于实体的统一性金属能够进行转化的思想。

《论化学》刊登在 1970 年出版的《苏联哈萨克科学院学报》第 9 期上。

导致人们曲解的原因在于，他们清楚，如果不这么做就会给国家和人民带来巨大的损失。

注意观察就会发现，如果对化学一无所知的人学习这门学科，那么将永远不会发生政治的联合，金和银也不能得到利用。为了交往，人们会使用其他贵金属。人们都知道，没有其他金属可以代替金和银。如果找到了替代性的金属，金、银这两种贵金属所固有的性质在这种金属的身上也会得到体现。因此，在自己的书中，学者们对这门学科的状况只字不提。他们追求的不是让人们学习、传播这门科学，而只是以理性的方式掌握化学知识，因为类似的问题让人们非常感兴趣。他们号召追求知识，认为具有清醒智慧的人才能获得全部知识，体验到从未经历过的幸福。这种来自理解哲学的乐趣远多于理解化学学科的乐趣。因为细微的问题也可能是重大问题的结果。

综上所述，化学艺术就在于认真探索、认知矿物学与获得该领域真实可靠的知识。研究这门学科之前，必须掌握哲学① 知识，要想掌握化学，应扩大自己在哲学各领域的知识，并获得足够的智慧，这样人才能认识到事物的真实状况与化学艺术的本质。只有哲学家才能理解这些知识。如果哲学家未掌握这门学科，世界将会由此发生大问题。研究学者们的著作就会发现，他们认为，学习化学艺术应该从数学和物理学开始。

亚里士多德在《矿物学》② 一书中这样解释化学：化学科学属于一种可能性的领域，而且很难达到这种存在的现实可能性，只能在巧合的情况下使这种可能性得以实现。如果探寻之人幸运的话，他可以在实验与解读该学科之后掌握所有的物理科学。

亚里士多德在这本书中，首先使用辩证的方法研究这个问题，用一种三段论进行证明，然后用另一种三段论进行反驳。他扩大矛盾，随

---

① 依据在科学研究中的哲学知识，阿里·法拉比指出，哲学不仅仅理解形而上学的事物，也研究物质世界的现实存在。当科学的理论性理性思维具有实践意义时，哲学通往科学之路就是从理论走向实践。

② 《矿物学》——假托亚里士多德之名的著作。19～20 世纪最终证明此书非亚里士多德所著。

后用三段论证明，其两个前提在书的开始就已经作了解释。第一个前提是金、银和所有在火中不能融化，只能被锻造的贵重金属都具有同样的属性。其差别主要在形式的、偶然的、本质的与偶发性上。第二个前提是具有相同属性的两种事物差别表现在偶发性上，一种事物可以变成另外一种。如果偶然性是本质的，那么交往难度就会增加。如果不是本质性的，交往则会变得容易。化学艺术的难度在于通过本质的或偶然的偶然性、金银之间不大的差别来区分大量的贵重金属。因此，在论证该学科时，导致人们过度夸大其可能性与不了解的人曲解这门科学的原因就非常清楚了。这两种判断都失去了合理性。

在真主的帮助下完成此文。

感谢安拉！

三　论盖伦对亚里士多德关于人体器官论述的反驳 [①]

本文的目的是揭示盖伦（约公元130—约200年，古罗马医师。——译者注）与亚里士多德在人体器官问题研究方面的共同观点，我们在阅读现有亚里士多德著作的基础上，通过观察、直观感觉、实证等认知人体各种变化的过程，解释健康的人体与存在于整个人体内部或部分器官的疾病类型。

这一问题上令人满意的是，可以在观察和获取前人有关人体器官知识的基础上进行认知，然而亚里士多德关于《健康与疾病》[②] 一书却未能保留至今。

[①]　本文根据保存在乌兹别克苏维埃社会主义共和国比鲁尼科学院东方研究所的手稿翻译而成。这篇阿拉伯语手稿被收录进《智者著作选集》，该书共收录阿里·法拉比、伊本·西拿等中世纪东方著名学者的文章107篇。

本文是阿里·法拉比第一篇被译为俄文的医学著作。到目前为止，所有现存的阿里·法拉比医学著作尚未被译成西方文字。

阿里·法拉比有关理论与实践之间联系的伟大论断成为伊本·西拿医学理论的基础，在科学史上扮演着重要角色。

[②]　这篇文章非亚里士多德所著。尚不清楚阿里·法拉比指的是已失传的亚里士多德著作还是假托亚里士多德之名的著作。

盖伦与亚里士多德的研究方法与目的不尽相同。盖伦的方法与目的是纯医学的，而亚里士多德则采用的是自然科学的研究方法，其目的是完善自己的推断，但二人都把医学作为一门学科进行研究。

医学是一门基础学科①，它研究人如何保持肌体整体或每一个器官的健康。

自然科学注重理论性，使人获得关于自然物体与其固有特性的正确知识。

每一种方法都源自已知正确知识的综合性与具体性。可信的知识是指符合事实的正确知识，这就是《论证》②一书中的基本内容。

理论知识首先要指导人正确认知事物，判断与了解其物质性。认识事物的存在与存在的原因是获得真理的条件。事物的存在有四个原因：质料因、形式因、动力因和目的因。

自然科学解释事物的本质，认知事物存在的质料、形式、动力原因以及事物存在的目的因，同时也阐释事物的特征。"四因"中质料因和动力因是事物存在的原因，形式因是指事物的定义规定着事物是什么，事物为何而存在是事物存在的目的因。

亚里士多德想用清晰的论据来解释上述论断。物体及其种类、特征是自然科学研究的对象。每一个类似的物体种类都不可能被完全认知，获得正确的理解。这门学科的最终目的是完善理论认知。

自然科学知识是理论认知的一部分，自然科学知识的完善也是理论完善的一部分，这是完善人类内心的顶点。自然科学知识的目的不是为了解释具有某种性质、状态或特性的实质，而是使之能被内心所理解，成为内心的财富，正是这一特性才使内心获得完善。内心的完善与商贸的完善不同，因为商业贸易具有实体性：木材、木材的种类和木材具有的偶然性。我们并不追求这些实体为内心所理解。行为是贸易的目的，

---

① 在阿里·法拉比生活的时代对"科学""技艺""艺术"三种术语没有严格明确的区分。而且，现在通常被列入科学的学科（例如逻辑学）和归入艺术的学科（例如音乐）在阿里·法拉比的分类中却恰恰相反。原因在于，古代哲学家所使用的希腊术语不像现在有非常严格的区分。

② 阿里·法拉比所说的"证明、论据"等指的是亚里士多德的《Вторая Аналитика》。

由于这种行为木材获得了某种特性，贸易的最终目的就在于此。

贸易等技术总会积极地发挥作用，比如印染术、锻造术等。所有这些技术都具有一定的目的，借助于行为并在行为客体中达到自己的目的。再比如，铁是煅造的客体，其目的是使铁获得某种形状。铁匠用火将铁熔化，接下来进行煅造、淬火和磨砺。

我们不想研究事物的实质，只是把实质作为行为的客体，由此获得新的特性和偶然性。

人体和体内的各器官是医疗技术的客体，其目的是让人体各器官获得与疾病类型相反的健康类型。医生的活动遍及人的整个机体和每一个器官，比如饮食、服药、改善皮肤、烧灼、解剖和其他各种各样的医疗手段，都是在维持机体的健康或是使病人恢复健康。

与其他科学领域一样，医疗活动借助于工具发挥作用。饮食、药物、手术刀等都是医疗的工具。

有时健康的身体能够感觉到疼痛，这是患病的前兆。如果病人没有感觉到疼痛，则其机体就被认为是健康的。

有时人患上了某种疾病，经受病痛的折磨，却被误认为是患上了其他疾病。医生需要的是确诊疾病产生的原因，还需要指明不同疾病的症状、该疾病的症状等。

所有这些技术都与劳动和行为的客体相关，通过这些客体技术达到自己的目的。

医疗技术同下列因素密切相关：

作为医学与自然科学的人体器官知识。

健康的人体类型与各种患病人体类型的特点、症状，健康类型是否广泛分布于整个有机体或者只是在某一器官并不重要；保持与恢复健康的方法；关注身体的健康情况——所有这些不管对医学来说，还是对医生来说都是共同的，但每个人都有自己的目的与采用的方法。

了解疾病的种类、发病原因及症状并不取决于这种疾病是否广泛分布于整个有机体或者单独的某些器官；消除疾病的方法；观察疾病在有机体的发展过程。

弄清健康人体类型与患病人体类型的关系，熟练解释每种疾病的征兆；研究人体的内部器官——这些都是医生的职责所在。

了解饮食、药食规律，简单与复杂药物的成分，提升其作用的各种方法，并能应用于人体器官——这些也是医生的职责。

保持身体健康状态的原则，并能熟练运用——这些也是医生的职责。

促进发病机体恢复健康的原则，并能熟练使用——这亦是医生的职责。

在至高无上神的帮助下完成了此文。

感谢真主安拉！

四　论科学分类 [①]

我们在本文中将逐一列举已知学科的门类，展示其总体特征、组成部分以及每一组成部分的内容。全书共分五个部分：

第一部分，语言科学及其分类；第二部分，逻辑学及其分类；第三部分，数学科学，即算术、几何、光学、星学、音乐、重力科学以及技巧科学 [②]；第四部分，物理学及其分类、形而上学及其分类；第五部分，世俗科学及其分类、法学与神学。

该书的这些内容非常有意义，而且十分重要，因为人们想研究某一门学科的时候，应知道从哪些方面开始，哪些内容已经研究得较为深

---

① 《论科学分类》的部分文章是根据奥斯曼·阿明的文章《阿里·法拉比》一文翻译而成（《Китаб ихса ал'-улум》，开罗，1931 年）。这部著作对中世纪从事科学研究的阿拉伯作者来说是必不可少的。本书分为五章，文中作者列出了当时所有已知科学的门类，并一一作了定义。1931 年的开罗版中刊登了前言部分和前两章。《论科学分类》的全文刊登在阿里·法拉比的《哲学著作集》一书中（哈萨克苏维埃社会主义共和国，阿拉木图：科学出版社 1972 年版）。

② 在毕达哥拉斯之后，音乐总是出现在数学学科中，因为音乐理论以数学学科为基础。关于星体的科学或被归入占星术，或被列入天文学。

重力科学不仅是测量重力或借助重力的科学，更主要的是杠杆科学。借助于技巧科学或是"诡计学"，那些采用普通方法会很困难的各种计算变得更加简便。古俄罗斯的"狡猾之事""巧妙的方法"等技巧学科后来发展成为力学。

入，哪些研究还比较肤浅，内容研究已经达到了何种程度。只有这样，科学研究才能建立在认知与理性的基础之上，而不是盲目进行。

通过本书人们可以将各种学科门类作一对比，了解哪些学科更有益于人类，且比较完备、可信，哪些学科不太受重视，研究较为薄弱。

本书揭露某些人炫耀通晓某种学科，但实际对该学科却一无所知或一知半解。如果让这些人从总体上解释某一学科，说出学科的组成部分及内容，他们就会表现出自己的无知。通过这样的方法可以揭露这些人论断的欺骗性，撕掉他们伪科学的外衣。

一个人从整体或部分掌握一门学科及其知识水平都能很好地体现出这个人掌握该学科的程度。本书不管对那些追求某门学科以获取大量知识的有文化的人，还是让人们认为他们像真正的学者的人来说都大有裨益。

第一部分　语言科学

语言科学总体包括两个部分。第一部分，记录具有每个民族特点的词汇并理解其含义 [①]。第二部分，词汇的使用规则。在每一门学科范围内，规则都是多方面、包罗万象的。每个规则涵盖了本学科特有的诸多客观事物，力图包括该学科研究对象的所有事物或大部分事物。

借助于这些规则，人们可以分辨出哪些事物属于或不属于该学科的范畴，可以直接检验可能发生的错误，减轻研究和记录该学科内容的难度。

成为某种学科或某种学科组成部分的众多物体是受人类内心感知的某种规则管控的，例如，书写、治疗、农耕、建筑等，或属于实践或属于理论的范畴。

对每种学科规则的判断可以认为是已知学科或所有学科的准则。因此，在数量、质量等方面古人为避免出错而做出的工具被称为标准工具，例如，铅垂、圆规、尺子与秤等。算术与天文学的图示、篇幅较长

---

① 这不仅是理论词汇学，也是每种语言的实践性知识，存在于每种语言的最小的词素——词语中。

文章的概要被称为准则。因为数量少的事物也包含很多方面，研究与记录这些事物可以扩大我们的认知范围。

让我们回到之前提出的问题上来。我们说，每个民族语言的词汇都有两种类型：简单式与复合式。简单式的词汇，例如"белизна（白）"，"чернота（黑）"，"человек（人）"，"животное（动物）"等。复合式的词汇，例如"Этот человек-животное（这个人是动物）"。简单式的词汇中有一些是专有名词，例如"Зайд（扎伊德）"和"Амр（爱情之神）"。另外，大部分词汇指明了事物的性质和体形，例如"человек（人）"，"лошадь（马）"，"животное（动物）"，"белизна（白色）"，"чернота（黑色）"等。具有性质和体形范畴的简单式词汇分为名词、动词与语气词。

名词与动词都具有性的范畴——阳性或阴性，数的范畴——单数、双数和复数。动词还有时的范畴：过去时、现在时和将来时①。

每个民族的语言都由七大部分组成：简单式词汇学、词组学、简单式词汇的规则、词组的规则、书写规则、正音法和诗体规则等。

简单式词汇的每个词能独立表示意义，并能够指明事物的"体"和"性"，它们记忆、表达具有该语言特点的事物，也可以是借词、常用与不常用的一些词汇。

词组学是构成每个民族语言的组词知识，也是传颂与记录文学创作的演说家和诗人的知识，而创作的长短和韵律并不重要。

简单式词汇的规则首先研究的是辅音，在此基础上创制出字母表，表明辅音的数量以及每个音是如何从发音器官发出的；之后研究元音，该语言具有哪些元音，没有哪些元音，拼读能够表达意义的单词所需元音最多与最少的数量；以及用后缀表示双数和复数、词、性或派生词时，经常不发生变化的发音；词缀发生变化的发音以及叠加词缀的发音。

此外，根据简单式词汇的规则可以构成简单式词汇的模式：简单

---

① 有趣的是在这里阿拉伯语的语法是按照希腊语的模式来解释的。在闪米特人的语言中没有希腊语和其他印欧语言中具有的时的意义。

式词汇可分为原形词即非派生词和派生词；派生词汇类型分为尚未构成动词派生词的原形词、已构成动词的派生词以及构成动名词的派生词；指明这些词是如何变为动词的，并给出动词类型的例子；规则性和非规则性动词如何变化；三个、四个或者更多辅音的词汇与重叠、不重叠的词汇形式在数量上的关系；从质上看，这些词属于正常变化还是特殊变化；词汇的阳性和阴性、双数和多数的形式以及动词的人称和时的概念，动词的人称指"我、你、他"；对于较难发音的词汇应该如何改变，使其发音更加容易。

词组学由两部分构成。第一部分是关于组成和构成名词、动词词缀的规则。第二部分是该语言构成名词、动词的条件规定和句法具有的词缀规则。

词缀是名词性词、动词具有的，名词的前缀附加在词头，例如阿拉伯语的冠词 алиф-лам（即 ал），在其他语言中也存在这种现象，只是替换为别的词汇。还有一些词缀添加在词尾上，即后缀以及表示格的词尾。词头位置的前缀不是动词所特有的，后缀才为动词所特有。阿拉伯语的名词词尾是三个 тануин，而动词的词尾则是三个 огласовка、сукун[①]以及阿拉伯语中使用的其他作为词缀的形式。词组学表明，有些词的词尾[②]永远不变；有些词的各格均发生变化，而有些词变格的时候只有一种词尾变化；有些词在某种情况下变格，而在另外一些情况下词尾不发生变化，还有一些词在任何情况下都有词尾的变化，这可以列举出各种词缀。名词的词缀与动词的词缀不同，亦可以列举出一些名词变格和动词变位的情况。词组学还规定，每个名词和每个动词在哪些情况下具有哪些词缀等。

首先，阿里·法拉比在书中逐一列举出名词单数各格，因为这些

---

① Тануин——阿拉伯语法术语，用"нун"表示不定式的词尾。
　　Сукун——缺少元音，即在辅音之后没有相连的元音。
　　Огласовки——存在元音，即在辅音之后有相连的元音。
② концами 指的是词头和词尾变化的部分，即所有的词后缀、词尾的重读词后词以及词前缀和词头的重读词前词。

名词的每个格都有不同的词缀。之后，列举出名词双数和复数变格^①的例子，使动词词尾发生变化的情况更加明确。其次，指出一些名词在某些情况下变格，而在某些情况下不发生词尾的变化。最后，指出哪些名词只有一种格的变化并如何变格等。

语气词通常没有词尾的变化。某些语气词只在某种词尾的情况下不发生变化，而有些则在其他词尾的情况下发生变化。这些内容都得到了阐述。如果我们遇到一些词，对其是语气词、名词或者动词产生怀疑，感觉有些像名词，有些像动词的时候，就需要明确哪些词尾是名词所固有的，哪些是动词所固有的，哪些词的词尾是发生变化的，等等。

词组的规则首先解释该语言的单词是如何构成和排列的，分为几种类型，哪种组合与排列的方式在该种语言中更富有表现力。

书写规则（即正字法）是指言语的发音不能书写在同一行与可以书写在同一行两种情况^②。如果可以书写在同一行时，其方法是什么；正确阅读的规则是指在不能书写在同一行与可以书写在同一行时如何正确使用标点符号；可以区分相同字母符号^③；字母上的符号，чтобы при встрече они удваивались или ассимилировались；断句的符号；短句符号与中、长句符号的区别。彼此联系与不相联系句子的标记，特别是相互之间存在梯级的句子。

下面说一下诗学，它在某种程度上与语言学相近。诗学由三部分构成：第一部分，简单与复杂的诗体韵律；产生于每种类型、每种韵律字母发音的构成，这与阿拉伯语中的 сабаб，уатад^④ 和希腊语中的音节、音步很像。

---

① 阿拉伯语法中共有三种数：单数、双数和复数。

② 这里再次提到了语音和书写两方面，即一是用来区分、标记相似字母的变音符号；二是例如在《古兰经》中使用的用来遵循正音规则的符号。

③ 术语 харф（复数形式为 хуруф）既有"字母"之意，还有"言语的声音"之意。这里一方面指不能被记录的语音单位，即在阿拉伯语中没有对应的字母来记录；另一方面指的是字母，即书写单位。

④ Сабаб уатад 指阿拉伯诗歌中的停顿部分。

诗与半句诗的韵律。每个韵律的诗句由多少个音和音节构成；完全韵律与不完全韵律的不同，哪种韵律听起来更美好，让人感到更加愉悦。

第二部分重点研究每种韵律的诗尾。哪种诗尾具有一种或多种形式，完全韵律的诗尾有哪些，哪种诗尾过于韵律化或韵律不足，哪些在整首诗中只由一个音构成，而哪些在诗中可以进行多次重复，具有更多的音；诗尾中最多可以具有几个音。具有多个音的时候，一些音是否可以用发音时长相同的另一些音替代，哪些音可以被这些音替代。

第三部分，诗中可以使用，但在散文体中却不能使用的词汇。这些都是语言科学各部分包含的内容。

第二部分　逻辑学

首先，我们从宏观角度对逻辑学包含的内容进行了分析，然后探讨逻辑学的作用与研究对象、逻辑学的意义、分类并对各部分作一简要介绍。

逻辑学是完善理性规则的总和，使人在理解本质、认识真理的道路上避免发生偏误；在认知事物的本质时，避免发生错误、失败和疏忽；借助逻辑学可以对认识不确定事物的正确性予以检验。

在认识的过程中，有一些事物的认识是不允许发生错误的。这些事物体现了人类能进行思考，天生具有认知正确知识的能力。例如，整体大于部分，三分之一是奇数等。

令人迷惑、使人远离真理的事物可以通过三段论和演绎法为思维和判断所感知。任何时候，追求真理的人们需要的不是别的，正是这些知识，以促使人寻求逻辑规律的帮助。

逻辑学与语法学一样，它与理性和事物本质的关系如同语法与语言和词汇的关系。语法在词汇规则中给予我们的事例与逻辑学给予我们事物的实质相同。

逻辑学同样与韵律学近似。逻辑学与事物本质的关系同韵律学与诗的韵律关系近似。各种规则使我们掌握了诗的韵律学，逻辑学对事物的本质来说也具有相同的作用。

逻辑学规律是检验事物本质的工具，避免理性在认识真理的过程中发生可能性的错误与失误。就像秤与度量单位一样，逻辑学是检验各种物体的工具，避免感觉可能发生的错误和不足。例如，尺子可以检查线是否笔直，因为仅凭感觉可能会出错或者不能准确地画出直线，而圆规是检查圆的工具，因为我们不能确定能画出精确的圆周。

总体来说，这就是逻辑学的目的。从其目的来看，这对我们证实自己、证实别人以及别人相信我们来说都具有明确的重要价值。在试图证实事物时，如果人类的智慧陷入无为状态或飘忽不定的状态，就有可能出错，用非真理代替真理，而且人们意识不到错误，这时就需要逻辑学。我们应该知道，通过什么途径达到我们预期的活动，如何得知我们的智慧是被证实的，如何用智慧认知一个又一个事物，使我们尽可能地达到自己的目的。因此，需要深入解析将我们引入歧途的事物和尚不明确的事物，在认识事物的道路上需严谨认真，明确研究的对象，并确信我们一定能找到真理。

如果我们遇见某物并开始研究，有可能会发生错漏，需要我们及时进行检查、修正，如果我们感觉到了错误，就能很容易改正错误。

这与我们想论证别人的观点非常类似。我们经常通过证实自己去论证别人的看法，如果论证的方法与我们需要证实的论据和命题相矛盾，就要求如何在没有相反论据的情况下论证这一看法，而且要清楚为什么正是这一论据能更加充分地证明该观点。我们可以用这种方法解释一切。

还有一种情况是别人想证实我们的看法，借助逻辑学，我们可以检验他们的推断与论据。如果别人的观点的确能被证实，能解释出理由，从认知与理性的角度我们认同这种观点。如果某种观点被反驳，说明该观点存在错误而遭到批判，我们就从认知与理性的角度驳斥它。

如果我们不了解逻辑学，在遇到这些事情的时候，情况就会相反。在研究相互矛盾观点的时候，如果每个人都能证明自己的论点，反驳对方论点，我们在两个争议的判断和论据中做出决定应该避免最糟糕、最混乱与最丑陋情况发生。如果对逻辑学一无所知，我们就无法判断观点

的正确性，谁是对的，他的观点为什么正确，为什么他的论据能够证实
其观点的正确性。如果没有逻辑知识，我们无法了解迷途者的错误，他
为什么会出错，他的论据为什么不能证实观点的正确性。

这样，就有可能导致发生下列一些情况：我们会在各种不同的观
点中摇摆不定，因为无法区分正确与错误的观点。为什么有些与自己对
立的观点是正确的？为什么有些观点没有任何正确性可言？在证明某些
观点，反驳其他观点时，如果我们不知原因所在，与别人争论就不能解
释原因，继而不能在争论中得到正确的认识。在不能证明自己的观点或
对或错时，人可能会走向反面，从当初认为是正确的或错误的一面走向
对立的一面，在表面上得到理性的答案。正如俗语"夜间砍柴"那样，
不可能找到事物的本质。

这种情况也会发生在追求科学知识的人的身上。如果我们对逻辑
学不了解，就感觉不到这样的人的存在，导致或支持或批评他们的意见，
或者干脆表明倾向于其中的某些人，但我们的这些做法是没有任何根据
的。我们有好感的人是否是一个可恶的骗子？我们是否会帮助、支持一
个撒谎者或喜欢嘲笑别人的人？受到指责的人是否是正确的，而我们却
在回避他的正确观点？这些都是让人无法确定的。

一个人掌握了逻辑学知识，在认识事物或对事物进行推理和判断
时，他经常能获得正确的结论；反之，如果一个人不懂逻辑学知识，他
对事物的认知结果往往是片面或错误的，因为这些人只局限于主观性
推理、只满足于主观认知[①]。有人认为推理与辨证的技能、以及数学技
能（例如几何学、算术等）是从逻辑学知识中派生出来的，并拓展、丰
富了逻辑学领域。用逻辑学不断修正、完善各门学科的基本原理，用逻
辑学知识帮助人们认识各门学科，并检验人们的认识、观点是否正确，
最终走向真理。这与人们习得语言知识如出一辙，即人们在学习诗歌、
言语时，必须遵循语法规则、避免语法错误。也就是说，只有理解语言
本质的人，才能深刻认识逻辑学的本质，例如借助 и р а б[②] 的发音，

---

① 原文"з а н н"（复数形式为 з у н у н）指基于格言基础上的怀疑和假定。
② И'р а б 指古阿拉伯半岛的阿拉伯——贝都英人制定的带有格词尾的词语发音。

能检验某人的发音是否是正确的，还是违反语法规则的。在语言学习中人越是深刻理解语法本质，也就越能深刻认识逻辑学的本质。

有些人的观点与此类似。他们认为，逻辑学是多余的，不是人们所需要的。因为由智慧武装起来的人即使没有逻辑学知识也永远不会迷失方向。

还有观点认为，语法是多余的，因为有些人完全不懂语法规则，但却从来不犯语法错误。可见，这两种观点给出的答案是相同的。

逻辑学的研究对象（一些能够展示规则的对象）是事物的本质，因为词语与言语都指明了事物的本质，人们通过思维将认知的本质引入内心深处以论证某些观点。当然，还可以用其他方式论证自己的观点，我们在清晰的表述中判断、感知事物的本质，目的就是论证自己的见解。

如果我们找到了事物的本质，但不确定其数量、状态、组成和顺序，就无法论证它，因为不是所有事物的本质都能用来证明某种观点。

相反，在论证观点时，需要确定特定的情况和本质的数量、状态、组成及顺序。这样才能组织好推理的语言，更好地进行论证。因此，我们在认识事物本质、推理及其表述的过程中，应有预示性、避免发生错误。古人把二者（即事物的本质和判断）称为"слово（语言）"和"речь（言语）[1]"，事物的本质被称之为"речь"，而积聚在内心的"речь"则被称为"слово"，"слово"通过"речь"进行外露表达，"слово"和"речь"又被称为"речь"。

话语通过声音进行外部表达，人又借助话语论证自己的观点，这是内部的言语。而人们在别人话语的基础上论证自己的看法，这是通过声音表达出的言语。

古时把通过言语论证某个观点称为逻辑三段论[2]，而这种言语是内

---

①　阿拉伯语中"思想"和"言语"二者没有严格的区分——言语是思想的最高表现形式。阿拉伯语中的"нутк"与希腊语中的"λόγος"一样，表示"思想""言语"之意。

②　Кийас——逻辑三段论，也指亚里士多德的"Первая Аналитика"，因为有关"Первая Аналитика"的研究必须借助逻辑三段论才能进行。

心的或是通过声音进行外露表达的言语。

　　逻辑学阐述的是共同规律的规律。与语法学类似，逻辑学指出了词的规则，但又与语法学不同。语法学研究某个民族所特有的词语规则，而逻辑学阐述适用于各民族词汇的共同规则。各民族的词汇具有综合性的特征，例如存在独立的词与词组，名词、动词和语气词是独立的词，构成诗的自由词语组合成词组，等等。

　　上述这些特点都是阿拉伯语特有，而其他语言不具有的特殊现象。例如第一格的主语，表示直接客体的第四格，定语不需要定冠词等。每个民族的语言都具有自身的特点，语法中不会有各民族词汇的共同之处。语法学家在语言现象基础上创建语法。阿拉伯语语法学家曾说过，阿拉伯语的词汇分为名词、动词和语气词。希腊语语法学家也表示，希腊语的词汇划分为名词、动词和语气词。

　　这种语法划分并不只存在于阿拉伯语和希腊语中，其他语言也是如此。只不过阿拉伯语语法学家以阿拉伯语为例，希腊语语法学家以希腊语为例罢了。

　　每种语言的语法以本族语特有的和其他语言共同具有的语言现象为研究对象。但最主要的目的不是研究语言的共同性，而是强调本民族语言的独特性。

　　语法学家与逻辑学家对待词汇态度的差别就在于此。语法解释某个民族语言词汇特有的规则，引入不同民族的共同语法现象不是为了说明共同性，而是为该语言具有的现象创建语法。逻辑学在提供词汇规则的同时，还指出了各民族语言共同的词汇规则。逻辑学利用的是语言规则的共同性，而不是某个民族语言的特有性。而且，逻辑学鼓励借用一个民族语言中演绎出的规则作为语言共同规则。

　　至于逻辑学的名称，已经很清楚地说明了其目的，因为该名称产生于由词组成的言语。

　　古人使用该词（逻辑学）主要有三个含义：

　　第一，以声音为外在手段的言语之意，即语言可以表示隐藏的含义。

　　第二，内部的语言，即认识用词汇指称事物的本质。

第三，人天生具有的内心力量，这是人与其他生物最大的区别。借助这种力量，人可以认识事物的本质、科学与艺术，进行判断，区分行为的好坏。这种力量存在于包括孩子在内的每个人当中，但是不够强大，在完成自己使命之后也达不到极限。这与孩子在蹒跚学步时脚部的力量，无柴状态下微弱的火苗，疯子或醉酒者的斜视，睡梦中眨动的眼睛，雾气笼罩下的昏厥者的眼睛类似。

逻辑学是关于内部语言与外部语言规律的科学，借助这两种类型的语言修正人天生固有的第三种语言，使之更准确、更完善，更好地表现自己的功能。由于上述内容，逻辑学的名称形成了三个表示不同意义的词。众多语法书只指出了其外部语言的规则，并称之为逻辑学。所有的含义都将逻辑学指向言语的正确性，这也说明该名称是恰如其分的。

逻辑学共划分为八种类型，前三种是三段论类型、论证或求证观点的命题类型。

三段论的方法是逻辑学得以完善之后的一种类型。此外，还有论证性、辩证性、诡辩性、修辞性与情感性五种形式推理。

论证性推理[①]是人们在正确认识事物的基础上，对论证目标进行的一种推理性论证。人们对事物正确的认知不能完全取决于个体对事物的认识，而要取决于人与周围人一起对该事物的共同一致的认知，唯有这样，获得的认知才是符合逻辑学规律的、正确的认知，也是能得到接受的普遍规律。人在认识世界的过程中，只有遵循逻辑学知识，才不会迷茫彷徨，并坚定自己认识世界的信念。

辩证性推理[②]在以下两种情况下使用：

如果问者想在一个能使答者保留自己观点或者能通过未知论点取得胜利的问题上战胜答者，而答者想坚持自己的论点或通过未知的推理获得胜利，那么二者所用的就是辩证性的方法？

---

① ａｋａｕｉｌ　ｂｕｒｘａｎｉｊａ——阿拉伯语，意为"表达必然真理的推断"。阿里·法拉比将它放在第一位，详见《Ｖｔｏｒａｊａ　Ａｎａｌｉｔｉｋａ》第1卷，第6章。

② ａｋａｕｉｌ　ｄｚｈａｄａｌｉｊａ——阿拉伯语，意为"辩证的推断"。亚里士多德把它归入《修辞学》中，详见《Ｐｅｒｖａｊａ　Ａｎａｌｉｔｉｋａ》第2卷，第23章。

　　如果人通过证明自身或其他以对某一观点进行假定推测，那么他可以假定这个观点是正确的，而此时却可能是错误的。

　　诡辩性推理[1]是使人迷失方向，起误导、欺骗作用的推理，将错误的观点假定为正确的，将正确的观点假定为错误的。假定一位权威学者聪明绝顶，而实际上并非如此。这就是所谓的诡辩派，在判断中采用欺骗、说谎的方法将人引入歧途，唤起人自身错误的认知。例如，他是一位学识渊博、才华出众的智者；或者认为他是一个有缺点的人，但事实并非如此。

　　希腊学者认为，"诡辩"一词由"софий"变来，意为"具有欺骗性的智慧"[2]。采用推理的方式将人引入歧途者就是"诡辩者"。人们误将"Софист"（即"诡辩者"）一词认为是古人的名字，其理论是拒绝理性与科学。信徒们支持其观点，捍卫其理论，而被称为"诡辩者"。每一个接受诡辩论观点，捍卫该学派的人也被称为"诡辩者"。

　　诡辩论的观点是极为愚蠢的。此前历史上从未出现过拒绝科学与理性，被冠以这一称呼的人。古时没有将任何人这么称呼过，因为人们没有把该名称与"诡辩"的人相联系，而是通过行为、论证的形式和具有欺骗的方法称呼这些人（人们不是通过"辩证论"的名称称呼"辩证论者"，而是从他们的研究、判断方法和使用这一方法的技能将其称为"辩证论者"）。

　　具有这种能力的诡辩者以及他们所从事的诡辩术都来源于诡辩性理论。

　　修辞性推理[3]是指人们能证实任何观点，人的智慧满足于所指的事物，并在某种程度上证明这种观点。

---

　　[1]　акауил суфистаийа——阿拉伯语，意为"诡辩的推断"。亚里士多德的"诡辩术"指的就是这个词。

　　[2]　希腊语的"софтα"意为"智慧"，但是"истос"没有任何意思，只是希腊语"софιστης"即"софист"一词的词尾，意为某一方面技能高明的人。

　　[3]　акауил хатабийа——阿拉伯语，意为"修辞性推断"。亚里士多德将它列入《雄辩术》，详见《Первая Аналитика》第2卷，第23章。

　　有说服力的论证不含有强烈的质疑。不同的推理在说服力上彼此互相超出。有些推理比其他推理更有说服力，观点更成熟可靠。判断越多，推理就越加可信。修辞性推理依靠经验来证实，并能使人的内心得到满足与安慰。

　　但在区分不同观点的时候，没有任何假设可以接近真理。从这种意义上来说，修辞性推理与辩证性推理是互相矛盾的。

　　情感性推理是在讨论某个问题的基础上进行假设形成的，指情绪的高低、好坏、大小等。

　　在听情感性推理的时候，我们的头脑中会出现这样一种认知模式：当看到某种比较憎恶的事物时，人立刻会想象出该事物引发的厌恶感，而讨厌它、逃避它。虽然人们相信，事物实际上并不像我们头脑中想象的那样。由此，人们产生出情感性推理，虽然事实并非如此，而人的所作所为却好像相信这种推理的内容。与假设和认知相比，人们经常会按照自己的想象去做。因为假设和认知常与想象相矛盾，所以人经常根据自己的想象而不是假设和认知对特定的事物施加影响。因此，在言语中经常出现交谈者的想象或类似的一些事物。①

　　情感性推理只在交谈中使用，它能激发人的某种行为，并将其引入特定的行为当中。当人在不遵循常理的情况下，就会被激发出能够替代某种推理的行为，或是人们不确信是否会放弃这种推理，于是急于求助情感性推理，其想象超越了推理本身。因此，这样的人在行为中会表现出一种惊慌。

　　由于惊慌，人们的这种行为首先发生在用推理修正自身行为的结果上。如果人完全放弃或认真研究该推理，就会产生过分忙碌和拖延行为的想法。因此，在逻辑学研究对象中，正是情感性推理，而不是其他推理才是最灿烂醒目、壮丽辉煌的。

---

　　① 古希腊戏剧在当时中世纪的东方还未被人所知。"представление с разговором"毫无疑问指的是古希腊悲剧的舞台表演，而"вещи, уподобляющиеся делам"指的是在古希腊剧院的舞台上戏剧再现的现实生活。

通常，把三段论和证明某事物所使用的推理类型分为五种：确定性推理、假设性推理、错误性推理、论据性推理和想象性推理。

五种类型各具特点，但又有共性。

三段论推理集中于内心还是外化为声音并无差别。该类型推理由以下方面构成：

集中于内心，由大量互相联系、有序的本质组成，在证明某种事物时相互作用。

外化为声音，由大量互相联系、有序的指明事物本质的词语组成，而且事物的本质在地位上是平等的。推理互相联合获得某种含义，彼此相互作用以证明某种观点。

最简短的外部推理是由两个任意的词组成的，而最小的内部推理则由两个简单事物的本质组成。这是一些简单的推理。

三段论推理由最简单的推理组成，最后形成复杂推理。最简短的复杂推理是由两个简单判断构成的，而最长的复杂推理则不固定。

简单推理是每个三段论判断最主要的一部分，而事物的本质或表现本质的话语（三段论判断的部分的部分）则是其最小的组成部分。

《逻辑学》由 8 章构成，每章都可以单独成书。

第一章包括事物本质与表现事物实质的话语。这些内容在阿拉伯语的《Макулат》和希腊语的《Катигурийас》[①]两部书中都有体现。

第二章包括简单推理，这是由表示成对意义的两个简单事物本质组成的本质。该部分内容在阿拉伯语的《Ал-'Ибара》和希腊语的《Бари[хар]минийас》[②]两部书中都有表述。

第三章采用推理的方式来检验三段论。这部分内容分别涵盖阿拉伯语的《Ал-Кийас》和希腊语的《Первая

---

① 文中亚里士多德的著作《范畴学》阿拉伯语译为"ал-ибара"，希腊语译为"катигурийас"。

② 文中亚里士多德的著作《解释学》或《阐释学》阿拉伯语为"'ал-'ибара"，希腊语为"'περι'ερμνειασ"。

Аналитика》①两部书。

第四章是关于检验论据推理的方法、哲学的研究对象以及行为使其终结、完善的内容。阿拉伯语的《Ал-Бурхан》和希腊语的《Вторая Аналитика》②就是与这些内容有关的两部著作。

第五章包括检验辩证推理的推理、辩证问与答的实质，即使存在于辩证法内部的全部规律和行为更加完善、富有成效的规律。阿拉伯语的《Алмауадиал-джадалийа》和希腊语的《Топика》③的内容与此相关。

第六章阐述的是远离真理的事物、欺骗与混淆；详细列举了各种欺骗手段如何粗暴践踏科学与推理；不诚实之人与说谎之人获得伪推理的各种方式；如何避免这种情况以及如何进行反驳；人在追求目的时如何避免发生错误以及人是如何陷入迷茫的。这本希腊语的《Софистика》一书，即"伪科学"之意④。

第七章介绍检验修辞性推理的规则、言语类型、演说推理的类型；这些规则是否是修辞性的；列举了所有属于修辞艺术的事物，解释修辞性推理的艺术，修辞性推理使修辞艺术成为最优秀、最完美的艺术，其行为也是最重要的。这本书希腊语名为《Риторика》，意为"演讲艺术"。

第八章包括检验诗歌创作的规则，常见的诗体推理类型以及每种领域使用何种推理。详细列举出诗体艺术的各种情况、类型、诗与诗体推理的类型、每种类型的艺术形式及其形成与组成，以及它是如何成为最优秀、最宏伟、最辉煌、最文雅的艺术形式的，并在何种情况下成为最重要的艺术形式。此书希腊语被称为《Поэтика》，即"诗书"之意。

---

① Кийас——逻辑三段论，也指亚里士多德的"Первая Аналитика"，因为有关"Первая Аналитика"的研究必须借助逻辑三段论才能进行。

② 即阿里·法拉比所说的"证明、论据"。

③ Ал-мауади' ал-джадалийа 字面译为"有争论的地方"。这是希腊语的仿造词。"Топика"一词也是同样的意思，即"有争论的地方"。

④ 该书书名翻译存在错误。希腊语的"σοφτα"意为"智慧"，但是"истос"没有任何意思，只是希腊语"σοφιστης"即"софист"一词的词尾，意为某一方面技能高明的人。

　　上述内容是逻辑学的各章节划分以及每部分涵盖的内容。第四章在地位与意义上比较重要，是逻辑学的首要研究对象，其他各章都是为该章设置的延伸部分。

　　前三章依据研究顺序依次为：前言、绪论与方法，其余四章的内容主要包括两方面：

　　1. 每一章在关系上互为印证、互相支持，各章都是论证第四章的工具，但地位与作用不尽相同。

　　2. 如果这些推理形式不加区分，明确每种形式的规则以及特征，人们在追求真理与正确认知时，就不会使用辩证的方法（因为人们感觉不到这是辩证的），导致偏离正确的认知方向。这时，人们就会需要强有力的推理方式。可能在不知情的情况下使用了真理，而让人信服；或是将错误的认为是正确的，并对此深信不疑；或是陷入困惑不解的境地；或是使用诗体的方式，而自己却毫不知晓。于是，人们在想象的基础上建立自己的信念，而且内心认为，自己在达到真理，而实际并非如此。好比有人认为自己非常了解食品与药品，而实际上并不知道它们的毒性，但仍然非常自信且无执迷不悟之感。因此，不能让这样的人使用药品或食品，因为他们不知道可能会发生什么危险。在上述四种使用推理的人中，每种类型的人都想获得该形式所涵盖的所有内容。如果想成为一名优秀的辩证论者，就要清楚，自己应掌握多少知识，如何通过自身或他人来检验推理，自己是否是在辩证之路上行进，等等。如果一个人想成为优秀的演说家，则应该清楚自己掌握的知识含量，如何通过自身或他人来检验推理，在推理时使用的是修辞的方法或是别的方法。如果一个人想成为优秀的诗人，他应清楚，自己了解多少诗学方面的知识，如何检验自身和其他诗人，在推理中使用的是否是诗体的方法或是偏离了方向而落入其他方法之中。如果一个人想使他人陷入迷茫之中，而自己又不能被蒙骗，他就应该清楚为此需要些什么，应该如何检验每一个判断和论点，他的欺骗是否成功或是自己被骗了，这些是如何发生的，等等。

　　真诚地赞美安拉！祝福真主的杰出创作——先知穆罕默德，祝福他纯洁的出身和他幸福的后代！阿门！

第五节　关于社会美德的论述

一　美德城居民观

我们对外部存在的认识与现实存在本身是相符的。如果存在不完美，我们对其认识也是不完美的。①

每个人天生为了自身存在与达到完美需要很多东西，但不能为自己提供任何所需的事物，因此，为得到所需，人要求群体提供满足其各种需要的东西。个人与他人的关系处于这样一种情况。因此，只有联合诸多互相帮助的人，个人才能为他人带来利益，实现自身的存在价值，获得自然的完善。②

有些人认为，人与人之间不存在任何自然的、任意的关系，每个人必须对他人利益进行限制。每个人也都惧怕与他人交往，只有在必要时，两个人才会联合起来。双方达成一致也是出于需要，因为处在联合状态下的两个人，一方是胜利者，另一方肯定是失败者。如果有外部力量推动联合，也只是该力量迫使双方达成一致。当外部力量消失，彼此之间的关系必定会变得疏远，最终分道扬镳。这是一种人性恶的观点。③

人类不断繁衍生息，形成人类社会。其中，一部分是完整性社会，还有一部分是非完整性社会。完整性社会有大、中、小三种类型。

大型社会是生活在某个地域的人类社会集合体，中型社会是某个民族形成的社会，小型社会则是生活在某个地域中的一座城市居民形成

---

① 阿里·法拉比：《哲学论文集》，阿拉木图：科学出版社 1970 年版，第 217 页。
② 同上书，第 303 页。
③ 同上书，第 348 页。

的社会，可以由一个或多个民族构成。非完整性社会由村落居民和街区居民的集合体以及家庭集合体组成。后者是低级社会的组成部分。[1]

　　最大的幸福与最高的完善只有在城市才能获得，处在低级完善水平的社会无论如何是达到不了的。[2] 城中居民为获得幸福互相帮助，这就是具有美德的民族。如果各民族为获得幸福能互相帮助，这样的一片土地才是高尚的、美好的。

　　美德城的领导者是一个非常完美，在行为中具有理性、概念的人。[3]

　　这位领导者不受任何人支配。美德城的首位领导者是伊玛目（伊斯兰教的精神领袖），是这片人们繁衍生息的土地的领导者。只有将12 种天生素质集于一身的人才能成为美德城的领导者。他应有健康的体魄，适应并能完成各种行为动作，只有健康的身体，才能使其更加轻松地完成各种动作；天生具有良好的理解力与想象力，听到的内容与说话人所指的事物相符，能胜任所从事的工作；有超人的记忆力，能记住他所理解、看到、听到和接受到的一切内容，几乎不会忘记；具有敏锐的智慧和远见卓识，善于发现事物的细微迹象，并能迅速抓住迹象所表现出的机会；有良好的表达能力，能清楚地表达出所想的内容；热爱、善于学习与认知，在学习过程中不会感到疲倦与痛苦；在饮食与性行为方面能克制；远离玩物，并能防止由此带来的满足感；热爱真理、捍卫真理，憎恶虚伪与虚伪的人；有自尊心，珍惜荣誉；心灵纯洁，追求高尚的事业；蔑视金钱和其他世俗缺点；天生热爱、捍卫平等与公正，仇恨不公以及不公正之人；公平对待自己与他人，呼吁平等，赔偿由于不公带来的损失，为大家提供善良与美好的事物；公正但不固执，不刚愎自用，公正面前不固执己见，但在不公与卑鄙行径面前不屈服；在决定必要问题时坚决果断，表现出勇敢与大无畏的精神，不胆小、怯懦。

　　众多优点集于一身是非常困难的一件事。这就是为什么很难遇到

---

① 阿里·法拉比：《哲学论文集》，阿拉木图：科学出版社1970 年版，第303—304 页。

② 同上书，第304—305 页。

③ 同上书，第313 页。

天生具有这些才能的人，即使有也非常少。[①]

美德城此后的第二位管理者，从出生到少年时期就已经表现出上述特质，长大后还应满足以下六个条件。

1. 天资聪颖。

2. 了解第一任伊玛目创立的规定、原则和风俗，将其牢记，自己的一切行为都应符合这些规定。

3. 不固守前人的相应规定，表现出较强的创新性，以前任伊玛目为榜样。

4. 具有远见、洞察力和悟性，任何时候都能感知到事物的现实情况和前任伊玛目无法预测而将来要发生的重大事件，将改善人民的福祉作为自己一切行动的目的。

5. 能够使用言语让人们执行前任伊玛目创立的规定以及自己此后仿照前任所创立的各项规定。

6. 具有进行作战所需要的身体素质，了解既是公务艺术，又是管理艺术的战争艺术。

如果没有发现这样一位集这些素质于一身的人，也可以找到这样的两个人：一个非常智慧，而另一位则满足其他条件，两个人共同成为城市的管理者。如果这些素质体现在多个人身上，即每个人的身上具有某一种素质，他们可以相互协商，共同成为美德城的领导者。如果城市的领导者丧失了智慧，即使还满足其他条件，美德城也将处于无国王的状态。城市的管理者这时不再是国王，城市自身也有灭亡的危险。如果找不到合适的接替者，城市在一段时间之后必将走向覆灭。[②]

以名誉、财富、享受富贵等目的在无知城市生活的人看到，美德城禁止这些行为，于是，他们转向美德城居民的观点，目的是曲解居民们深信的真理或认为与真理有关的这些规定。进行曲解的方式有两种，一是使某些内容成为争论的对象，二是使用故作聪明与欺骗的手段。真理可能被自作聪明与欺骗手段所歪曲。他们的目的就是使自己在达到无

---

① 阿里・法拉比：《哲学论文集》，阿拉木图：科学出版社 1970 年版，第 317—319 页。

② 同上书，第 319—321 页。

知与丑恶时，没有任何事物可以阻挡。这些人也不可能成为美德城联合体的一员。①

英勇善战之人与人的天性是格格不入的。世界上有些民族或集团失去了人的这种天性，一心想获得属于其他集团的财富。如果他们要发动进攻抢夺财富，或后者已被其征服时，具有人的天性的民族或集团出于需要而求助于其他特殊集团，请求调拨军队帮助进行反击。求助于保护力量并不是该集团可以随意使用的本质属性，只有当出现外部威胁时，集团才会求助于这种力量。②

恭顺是指神统治整个世界，宗教人士领导和控制祈祷、赞美与尊崇等作为神的荣耀行为。如果人们能够按照这些礼俗去做，拒绝生活中的功名富贵，并坚守这些规定，死后就会得到一笔巨大的财富。如果他不遵守任何礼俗，在世时享受富贵，死后也会受到惩罚，在彼岸世界遭受苦难。

功名富贵就是反对一方使用的阴谋诡计，是不能光明正大、诚实获得财富的人所使用的陷阱与骗局。使用这些阴谋手段的是一些不能靠自己的双手和力量获得财富的无能之人，他们利用伪装或他人的帮助恐吓别人，使之留下全部或部分财富。这只能表明，他们毫无能力为自己赢得和夺回财富。而那些坚守礼俗、蔑视荣华富贵的人会为人所接受，大家认为他是一个好人而信任他，不会担心、提防或怀疑他。他甚至掩饰自己的意图，把自己的行为、品行描绘为神的品行。这样，他具有人的外貌和外表，而完全不为自己寻找幸福与财富。人们因此敬仰他、赞美他，为他带来各种财富以赢得他的好感。如果他一切都按照自己的热情来做，人们就恭顺他，热爱他，不会指责他。而且，他的丑陋行为也被人视为完美。这样他就会赢得尊敬、统治地位、财富与快乐，并由此获得巨大的幸福。显然，他利用礼俗达到了自己的目的。③

当人们坚持礼俗，表现出顽强意志的时候，他是为了得到某些事

---

① 阿里·法拉比：《哲学论文集》，阿拉木图：科学出版社1970年版，第342页。
② 同上书，第365页。
③ 同上书，第357—359页。

物才这样做的。他们接受礼俗只是一种假象，目的是得到某种利益，成为人们所期待的那种人。大家会认为，他变得越来越诚实、智慧、博学多才，逐渐受到众人的崇拜、尊敬与赞扬。当为了礼俗而完成礼俗，而不是为了获得利益时，他在人们的眼中就变成一个迷茫与错误的人，一个恶棍、笨蛋与疯子，一个倒霉、渺小而又衰弱的人，成为人们共同指责的对象。众人会嘲讽性地夸奖他，一些人为了使其放弃财富，出于自身利益支持他，他留下了这些财富以使别人生活得更加富足。还有一些人出于恐惧而赞美他的品行与行为方式，是因为不认可其行为的人不想失去已掌控的利益。而夸奖他是世界上最幸福的人则是因为像他一样，也陷入了迷茫之中。①

有些人认为，人的精神与肉体相沟通不是人的自然状态。人只是一种精神，把精神与肉体相结合会对精神造成损害，歪曲其行为。罪恶虽然来自精神，但归根结底是由于精神与肉体相结合造成的，为获得精神的完美，精神必须与肉体脱离而独立存在。在追求幸福的过程中，肉体完全不需要精神。为得到幸福，精神既不需要肉体，也不需要财富、邻居、朋友和城市居民等身外的一些东西。正是由于肉体的存在才导致对世俗社会和其他物质的需求。因此，这些人决定应将肉体的存在抛弃掉。②

许多古代思想家曾经表达过"自由地死去就是自然重生"的观点。他们认为，死亡有双重性：自然死亡和自由死亡。自由死亡是指激情与仇恨等内心激动情绪的消亡，自然死亡则是指灵魂脱离了肉体。他们将自然地生活理解成自我完善与幸福。而对激情、仇恨等情绪激动的人来说那种生活状态则是非自然的。

古代思想家的上述观点是有缺陷的，因为他们的观点是在迷茫的城市中散布教会分裂思想的基础。③

事物的存在由两部分构成：一部分类似于木床，另一部分好似木床的轮廓。类似于木床的部分就是物质和前物质，而与轮廓相近的部分

---

① 阿里·法拉比：《哲学论文集》，阿拉木图：科学出版社 1970 年版，第 359—360 页。

② 同上书，第 367—370 页。

③ 同上书，第 369—368 页。

则是存在的形式。在类似于这两部分组成的事物中，物质是形式的基础。

没有物质形式就不能有实体，更不会有存在。物质由于形式而存在，如果没有任何形式，就不会有任何物质。形式的存在不是由于物质，而是使物质实体成为现实的实体。每种存在在自己的形式下现实地存在于双重存在之中，没有形式的物质存在只是潜在的存在形式。好比木床没有形式时，它只是一个潜在的床，而不是一张现实的床，直到其物质形式出现，才成为现实的床。床的物质存在方式是物体双重存在的最低形式，形式存在是有效存在的最高形式。[①]

一方面，幸福是为自己寻求善。如果人还要获得幸福以外之物，那就永远也追求不到幸福。另一方面，幸福也没有任何人获得不到的难度。[②]

幸福是指人的精神上升到存在的完美阶段，精神不再需要自身的物质存在，因为它与脱离物质的全部存在和独立于物质的实体相结合，并永恒地存在下去。[③]

辉煌不允许自己之外的辉煌存在，好像美貌不允许自己之外存在美貌一样。实体也不允许自己之外存在任何形式的实体。这样，物体的特性就像太阳、月亮和星星一样，除了自身存在以外，不允许其他形式的存在。[④]

真诚地赞美安拉！

阿门！

---

① 阿里·法拉比：《哲学论文集》，阿拉木图：科学出版社 1970 年版，第 236 页。

② 同上书，第 289 页。

③ 同上书，第 288 页

④ 同上书，第 206 页。

二　论音乐

音乐可分为三种。第一种音乐只能给人带来愉悦的感受，第二种是能激发人的热情的音乐，第三种则是使人展开丰富想象的音乐。

自然的音乐旋律通常具有其中的一种功能，且能使所有人或大部分人感受到这种功能，越是能给予相同作用的音乐就越有自然的属性。

休闲时，享受一下给人带来愉悦的音乐，能使人迅速恢复体力。在激情的驱使下，演奏音乐能激发人的激情，表现自己在激情下的特殊心理状态。令人展开想象的音乐具有强化诗和其他修辞方式印象的作用，加强词语的表现力。

第一种给人带来愉悦感的音乐，同样可以激发人的热情，也能让人展开无尽的想象。我们在一些文章中已经提到，激情可以唤起人的注意力与想象力。另外，如果诗句配合音乐，就更能俘获听众的注意。

具有上述三种特质的音乐是完美的，其影响力和感染力在某种程度上与诗相似。

当音乐与诗相结合，就会给人难以忘怀的印象，歌词同样也会变得更加富有表现力。因此，最完美、最美好与最令人印象深刻的歌曲应具有以上三个特点。不仅是声乐，器乐也具有同样的特征。

表演音乐有以下两种方式：一种是人的嗓子发出的完美旋律，另一种是乐器表演。后者根据乐器种类不同分为诗琴、冬不拉及其他器乐。

根据谱曲诗歌的演唱体裁与目的可划分为几种不同的类型。演奏抒情歌曲、哀歌、诗朗诵等需要使用不同方式，特别是牧人的歌曲"хида"需要非同寻常的表演技能。

器乐与歌唱相呼应，在某种程度上它可以模仿人的声音。歌唱在器乐的伴奏下得以充实与丰富，起着前奏和间奏的作用。间奏可以使演唱者得以休息。前奏与间奏都是音乐的补充，能表现声音无法表达的内容。

还有另外一种器乐，但不见得能模仿完美的声乐，不能对声乐起到任何帮助作用，但也不能将这种音乐与装饰相比，因为装饰性的图画只是为了让人赏心悦目，并不真实存在。我们以"хоросанские"和波斯的"тараики""равашины"为例，说明其声音是任何嗓音都无法模拟的。

我们所说的这种音乐，由于缺少某些元素而不够完美，以致我们在聆听的时候，会感觉到某些不足。这种音乐会让人感到疲劳，刺激人的听觉，不能给人带来美的享受。演奏这种音乐的目的是培养听力，对演奏乐器进行手部训练，而该种音乐也只能当作演唱者的前奏或间奏。

综上所述，自然的、天生的心理特性使人创作出音乐。在这些特性中，值得一提的是人的诗境天赋和人在高兴与痛苦时发出的特殊声音。

还需指出的是，人们在下班之后，体内会产生激发人寻求休闲与消除、忘掉疲劳的能力。音乐的确是上天赐予的能消除繁重劳动之后疲劳的馈赠。它使人们忘记了工作的时间，帮助人战胜工作之后的疲惫。

实际上，时间会引发人们对运动产生的疲劳感。难道运动不能用时间来衡量？或者时间应该靠运动来衡量？这样，人的疲劳感是由运动引起的，而时间与运动也是相联系的。失去了时间感就意味着丢掉了疲劳感。另外，歌唱对动物也能产生一定的影响，阿拉伯牧驼人的歌曲"хида"恰好证明了这一论点。

这就是产生音乐灵感的源泉。下面我们谈一谈各种不同的音乐分支是如何产生的。由于人天生的心理特质和我们刚刚谈到的人的本能，音乐才得到发展并成为一门科学。

一些人歌唱，是为了给自己带来愉悦感，放松休息一下，或是为了忘记疲劳与时间。另一些人则试图强化、消除、改变某种心理状态，点燃或控制激情。还有一些人歌唱，是为自己的诗歌赋予更强的表现力，让听众展开更广阔的想象。

由于这些原因，人们很早以前就已经爱好哼曲、唱歌与练声。各种曲调与旋律一代传给一代，由一个民族传给其他民族，在漫长的岁月中这种传递得以不断延伸。

一些有特殊天赋的人学会了前面所述的三种形式的音乐创作。每个人都想超越前人，他们通过顽强的努力为自己增光添彩。在其之后，也出现过不少富有音乐创作天赋的后继者。他们将先辈的作品进行再创作，发展演艺才能，并以此作为自己人生的享受。还有一些有作曲才能的人不断丰富音乐创作，使自己从中受到鼓舞与振奋。

音乐家不断地更迭交替。音乐艺术在时间的长河中不断传给后代，从一个民族传给另一个民族。

应该如何点燃或控制某种激昂的情绪？需要承认的是，只有将给人带来愉悦感和令人兴奋的声音置于音乐之中，将话语同音乐结合起来（即声乐），才能达到最完美的境界。

同样需要承认的是，激发人的想象，赋予诗歌巨大的力量，既需要能达到此目的和激发、抑制激情的音乐，也需要为人带来愉悦心情的音乐。

这是能折服听众想象的手段，帮助他们更加轻松地理解诗歌作品，并将从中获得的印象长久地保存在记忆中，同时消除疲劳与无聊。有这样一个故事，有一天，诗人阿里·卡玛·伊本·阿布吉赫来到埃米尔·阿里·哈里斯·伊本·沙姆尔的皇宫，想要为他朗诵一首诗，借此索要一些赏赐，埃米尔不以为然。当诗人将自己的诗歌配上旋律进行演唱之后，统治者大悦，赏赐给他想要的东西。

我们发现，有乐器伴奏的声乐得到了巨大的充实，声音响亮，创作完美，令人陶醉，而且诗歌与节奏减缓了人们的疲倦感。音乐家借助弹拨乐器寻找与歌唱相媲美的音调。

他们判断出，每个组成旋律的音调是由弹拨弦琴的哪个点发出的，背诵并标记出了这些音调。一批又一批的行家能手从自然与人造的发音体中挑选出能完美发出这些曲调的物体。

他们不断完善各种乐器：如果发现乐器有某些缺点，就逐步修正，诗琴与其他乐器获得了最终的外部形状。

这样，音乐艺术逐渐得以完善。乐音规则、曲调与自然、非自然旋律的区别，和音与不协和音的区分度也逐步建立起来，而且有些和音是完美的，有些则不够完备。

完美的和音或由人的嗓音发出，或由乐器发出，有时可以成为人必要的精神食粮。一些并不完美的和音则是一种无节制的滥用。尖锐刺耳的声音与发出这些声音的器物都是非正常的。这些声音只有在某些特殊的情况下才得以使用，它们的作用与药品或毒药类似，目的只是把人震聋或震晕。

战场上专门利用某些器物发出这种尖锐刺耳的声音。有一位埃及法老下令使用一种哐啷作响的乐器，而拜占庭皇帝则使用别的工具。当波斯皇帝开赴远征的时候，陪同的人一定要发出尖叫声和大喊声。不和谐的音如果与其他音相混合，就很容易成为和谐之音。

上面所述的不同音乐艺术就是这样诞生的。

某些乐器可以发出其他性质的音调和旋律，并可与人的嗓音相媲美。虽然这些音调与旋律不具备声乐的所有特征，但同样是自然的，与人的嗓音一样能给人带来愉悦。

音乐家没有把这些声调与旋律进行改变，而是开始接受，并将其加以利用。他们有时为了从中获得更多益处，可以违背演唱规则。人的嗓子不能发出某些乐音，便由纯粹的器乐所代替，乐器因此诞生了。古代"хоросанские"和波斯的"равашины"就是典型的例子。当二者结合起来，器乐赋予演唱更深刻的表现力，在许多情况下成为歌唱的补充。这样，两种形式的音乐就紧密且完美地结合在一起了。

演奏手鼓、冬不拉、定音鼓，用手打节拍，舞蹈和有节奏的面部表情也属于音乐的范畴，只是有节奏的面部表情属于较低的级别。眉毛、肩膀、头部以及身体的其他部分都可以做出动作，而这些动作会引发声音的错觉。另外，因为身体动作是在一定的时间间隔之后发生的，正好与两次打击声相符，但这些时间间隔无法测量。因此，有节奏的面部表情虽然不在身体动作之列，但也要服从于与之相符的节奏和音乐构思。

用手或脚击打节拍、舞蹈、手鼓和定音鼓演奏都属于同一范畴。这些行为高于有节奏的面部表情，是以发出击打声结束的。但是，这个声音不是音调，因为缺少赋予声音为乐音的稳定性与持久性。

诗琴、冬不拉、奇特拉琴（古希腊的一种弦乐器——译者注）、列巴勃琴（马来群岛、埃及、印度等地的一种弓弦乐器——译者注）和宗教乐器在音质的稳定上都优于之前的乐器。这是比较完美的声音，但还不具备人嗓音的全部特质，只有人的嗓音才是最完美的声音，将声音的所有性质集于一身。

所有乐器发出的音调，其音质都逊色于人的嗓音。音调在演唱的过程中只是起到充实演唱、洪亮声音与伴奏、修饰的作用，使之更容易印刻在人们的脑海里。

发出音调的乐器，首先是列巴勃琴和宗教乐器更加接近于人的嗓音，其次是我们谈到的其他乐器。至于诗琴，它的声音让人联想起人的嗓音，因为它可以像人的嗓音那样进行拉伸与波动。列巴勃琴和与其类似的乐器同人的嗓音相近，在某些情况下与人的嗓音一样可以给我们留下深刻的印象。

我们赞美安拉，他是世界的主宰。

真诚地祝福先知的领导者——穆罕默德及其信徒们，他们是无比崇高与纯洁的。

三　论宗教[①]

宗教是一种以确定世界的创造者为预设条件的观点和行为。借助宗教的力量，部落、城邦、地区，乃至一个民族或大多数民族都能达到其预期的目的。

如果统治者行为高尚、统治手段高明，他本人与其统治下的每位臣民都能获得真正的终极幸福。唯有如此，宗教才能被称为高尚的宗教。

昏庸无能的统治者，为了获得权利、健康与财富、金钱与享受、荣誉与地位，他往往会使用一些极其愚蠢的手段。无知的统治者通过某些卑劣手段获得利益，并认为自己是幸福之人，而事实并非如此。这样

---

① 该部分内容由 Б.К·塔然诺夫根据阿拉伯文译成俄文，俄文版本系首次发表。

的统治者只是将其统治下的人们沦为实现、巩固自己目的的工具。他自认为已经得到了某种财富、利益，而实际上一无所有。这样的统治者往往认为自己在"无知"统治者中是最优秀的。

统治者在其昏庸的统治中，自我感觉其统治高尚而又富有智慧。他统治下的臣民也可能持此种看法，他们一同追寻虚无缥缈的无限幸福。虽然这种统治建立在虚假的基础之上，但被统治者也能习惯并接受这种统治。他们错误地认为自己的统治者道德高尚、智慧无比，能带领他们达到幸福，并对此深信不疑。统治者与其统治之下的人们往往将这种表面的假象视为无限的幸福，并期盼能够获得这种"无知的幸福"。

一个品德高尚的统治者，其言行和治理国家的方式，应符合真主安拉的旨意。

一个人的行为、观点是否正确，只能借助真主安拉的旨意进行判断，这种旨意一般通过以下两种方式得以体现。一种是神赐予的启示，另一种是借助至高无上神的启示获得力量。真主安拉会为统治者指明获得高尚道德之路。统治者借助神的力量，治理国家。他们有时借助神赐予的第一种力量，有时则基于第二种方式。

宗教理论同时还阐明，至高无上的安拉如何赐予人旨意，以及启示的力量在人身上是如何发生的。

道德宗教的观点分为理论性观点与意志性观点两种。

理论性观点从理论角度描述至高无上的神、宗教人物及其心理、对待神的态度与行为、世界的构成及其特性，阐释原始物质的产生、消失，以及其他物体如何从原始物质中产生，二者之间的相互关系、组成结构等问题。

世界上物体中发生的一切现象都是平衡的，没有不平衡的情况发生。

理论性观点将世界万物对至高无上的安拉与宗教人物的态度做了深刻分析。

同时，对人如何被创造出来，如何获得精神与理性，在世界中的地位，以及人如何从安拉与宗教人物那里获益也进行了阐释。

理论性观点对神的启示及其本质、产生与出现、死亡与死后的生活、品德高尚之人获得幸福、以及罪恶与行骗之人死后遭受的惩罚等问题也一一作了描述。

意志性观点则介绍了可敬的先知及不断探寻真理之路的道德高尚的统治者与品德优秀的领袖。

意志性观点认为，每个人都要为自己的行为承担责任，并详细描述了人的高尚行为、心理倾向以及相反的心理状态。

意志性观点评述那些不分青红皂白、誓死追随统治者的城市居民、罪恶的统治者、统治无知人们的虚伪领导者和曾误入歧途的领袖的恶行。

意志性观点表明，每个人都要为自己愚蠢的行为接受惩罚，同时对愚蠢人的心理倾向及相反的心理状态作出了判断。

意志性观点还介绍了一些在世的道德高尚、品行端正的执政者，真正的领袖，他们先辈的业绩及善举，同时对罪恶的统治者、误入邪路的领袖和无知的人们的行为也进行了深入描述。

还需指出的是，宗教分析世界万物的特性、统治者、管理者和仆人等城邦居民，以及他们的社会地位、相互关系、相互矛盾等方方面面。这些人应该遵循与其社会地位和行为相符的规定。

以上是一些宗教的观点。

为安拉争得荣耀的言行是第一位的。

第二是要为宗教人物、天使和逝去的道德高尚的先知、品行端正的统治者、首领和领袖争得荣誉。

第三是诅咒曾经的罪恶统治者、虚伪的管理者、走上邪路的首领的罪恶行为。

第四是为各时期道德高尚的统治者、品行端正的领导者和领袖赢得荣耀，贬损其敌对分子。

第五是对城邦居民间相互关系、每个人的个人行为与他人关系进行判断。

第六是对每种行为公平地作出裁决。

以上是道德宗教包含的内容。

宗教与信仰近义，其关系同伊斯兰教法典与先知穆罕默德的圣训类似。

对大部分人来说，伊斯兰教法典和先知穆罕默德的圣训是宗教规定的行为。可以将这些规定的观点称为宗教法典，于是，伊斯兰教法典、宗教与信仰的意义非常相近。

宗教由两部分组成：规定的观点和确定的行为。

宗教规定观点有两种变体：证明某种观点的本质观点与支持某种观点的观点。

道德宗教的观点与真理类似。大致来说，真理是人通过自身能力获得的某种认知，并对此认知坚信不疑。

人们通常会遵从宗教的核心本质，并借助自身习得的实践知识，判断宗教是否符合宗教规定观点。背离宗教规定观点的宗教会使人误入歧途。

道德宗教与哲学近似。

哲学通常分为理论性哲学与实践性哲学两种。

理论性哲学指为人认知，但尚未完全成为现实的哲学。

实践性哲学指为人认知，并已成为现实的哲学。

宗教的实践性在整体上是实践哲学的一部分。宗教的现实性是指宗教所规定的总体性。按照拟好的规定执行要比做一些没有规定的事情更加明确。这类似于"写的东西"比我们"说的东西"更加清楚。高尚道德的宗教法典是实践哲学整体性的一部分。

宗教的理论性观点在理论性哲学中找到了论据，并为缺少依据的宗教所接受。

组成宗教的两部分都来自哲学。

我们经常谈到，事物是科学的一部分，或来自科学。它通常有两种形式：具有科学的论据和科学涵盖的、能够解释事物存在原因的整体性。

实践性哲学解释一些行为预设的条件，而且这些行为是由事物在某些条件下达到的目的决定的。

如果关于物体的科学是论据科学，那它就是哲学的一部分，而哲学又使道德宗教规定的行为变得更加清晰明确。

理论性哲学则使宗教的理论性得以证实。

哲学证实了道德宗教的内容，而且道德宗教的统治也应从属于哲学。

如果辩证法能为强大的理性提供正确理据，而且说教的内容不属于说教范围，对辩证法未进行分析的理由也未能做出说明，道德宗教就不是为哲学家所设立的，而是为那些只有通过哲学以及自身的社会地位才能理解说教的人设立的。

了解和接受宗教观点的大部分人都能自然地按照宗教规定约束自身行为，但他们也非常清楚荣耀与富有的意义。因此，辩证法与宗教说教对加深人们对宗教的认识，在内心巩固与保护宗教观点都极为有益。

辩证法与宗教说教还能战胜那些试图使用欺骗与直接反对手段将人们引向邪路之人的观点。

领导者应对大部分行为做出分析与判断，并将这些行为引向完善，但有时他不能非常完美地裁决所有事物。由于某些客观原因，大量行为得到或未得到分析和裁决，或是在裁决之前他已经离世，或受到战争等某些突发事件的影响，或只是在他碰到这些行为时让他进行裁决，才偶尔做一下。于是他做出裁决，颁布法典，制定某些情况下必须遵守的行为规范。但他应该解决的问题并不总是出现在他执政的时期或他执政的国家里。因此，遗留下许多悬而未决，但当时国家亟需裁决的问题。由于，他没有颁布需要的法典，就将遗留的问题交给他人，由别人处理、完成。还有一种情况，他事先颁布法典、裁决那些有益的、重要的行为，使之武装整个城邦。他组织一些事务，颁布事务的相关规定，并将一些事务或放在有限的时间进行处理，或交给别人在其在世或死后完成，后继者在解决、处理事务时就会效仿他。

如果在他死后，其后继者在处理事务上与其类似，后继者就会继续解决前任尚未解决的问题，但并不一定与首位管理者的处理方式完全相同。继承者可以改变前任颁布的一些规定，使用与首任管理者不同的解决问题的方式，他们知道这样做更符合现实。这不是说第一任管理者错了，因为他解决问题的方式只符合当时的情况。继承者的裁决要符合首任管理者之后的实际情况，即首任管理者当时未预料到的情况。

如果第三位、第四位继承者在处理事务方面与前任类似，每一位后继者都需要对前人未遇到，而他们却遇到的新情况做出裁决。他们的裁决方式应与之前不同，假如前人仍在世，也会像他们一样做出新的改变。

在品行端正的真正统治者之后，如果继任者在处理事务上与前任不同，在城市管理方面他应该学习前人的裁决方式，以免与前人发生矛盾，保持对事务进行裁决的一致性。反之，他会将前人判定的事情留存下来。当遇到前人并未说明而现在要进行裁决时，他开始寻找首任管理者在类似情况下的言论。这时，他创立了伊斯兰教教法——斐格海①，以帮助人们寻找正确的，但在宗教法典中没有明确规定的裁决。这种裁决与法典制定者的心理和公之于众的法典内容相符。

道德宗教的观点不能用高尚道德的内容进行准确说明，更不能进行修改，因为道德宗教自身已经吸收了高尚道德的观点。持这种观点的人就是斐格海的倡导者与专家。

斐格海分为观点与行为两部分，对观点与行为两种事物进行裁决。在行为方面Факих②十分了解伊斯兰教法典制定者在行为裁决方面宣扬的内容。可以根据法典制定者的言论或其个人观点进行裁决，他的一言一行都是值得效仿的。

如果Факих知道宗教法典是其制定者根据当时情况颁布的，而不完全符合以后社会的某些实际情况，他会支持后来对法典内容进行的修改。

如果他懂得首任管理者的说教语言和当时居民利用该语言进行裁决的风俗时就会发现，这些裁决被应用在了其他事务上。这时，他应该记住裁决最初针对的事物。

---

① 指穆斯林教法。
② 指精通穆斯林教法的人。

　　还需指出，事物没有被称为自身名称，而被叫做了另外名称的现象。这对快速理解已确定名称的事物、说话人的所指以及意义的部分或整体使用等都是非常有益的。

　　说教中部分或整体使用的名称都表现了事物的特征。根据这些特征 Факих 才能对已知的风俗进行了解。

　　他获得理解事物必要性与非必要性、性质特点和职业技能的能力，能感悟到宗教教法制定者语言表达和行为规定的本质。

　　如果他本人对教法制定者闻所未闻，而且各自生活在不同的年代，从未与自己的"战友"交流过，对其信息完全陌生，对此就没有任何发言权。这些或被记载或未被记载的信息为人们所熟知、相信。精通观点教法的人应该了解行为教法的内容。

　　穆斯林的行为教法包括民法，它是一种世俗科学，属于实践哲学。行为教法包括理论哲学的一部分，是理论哲学中的抽象事物。因此，穆斯林宗教法是理论哲学的一部分，也是理论科学的组成部分。

　　世俗科学首先研究的是幸福。幸福通常有两种类型：一种认为幸福即为幸福，但事实并非如此；另一种是真正的幸福，它具有本质的必要性，而且永不会被替代。非必要性事物在其存在时，必要性与非必要性是分离的。在现实世界以及现实世界之后的彼岸世界都没有的幸福被称为终极幸福。其实，这只是自身认为的幸福，而非终极幸福，因为这与财富、快乐、荣誉、人的荣耀等此生获得的东西类似，而被人们称为幸福。

　　世俗科学还研究行为、生活方式、脾气、性格与意志力，以便了解和遵循这些内容。

　　世俗科学指出，一个人不可能具备上述所有特质，并得以坚持。这些多样性在整个社会的行为中得到运用和体现。世俗科学认为，如果这些特质在人们当中普遍存在，这些人就会与具有其他特质的人相互抵触。同样，具有这些特质的第二个人也不会与具有其他特质的第三个人相联系。

　　不可否认，社会中存在一些生活中并不表现自己的特质，而且与具有其他特质的社会成员不发生任何作用的人。例如，某人从事农耕，如果不与为其做木质农具的木匠有认同感，也不与为其做金属农具的铁匠和饲养犍牛的牧人有联系，单凭自己的能力是一事无成的。

世俗科学同时还阐明，如果这些能力没有广泛分布于社会群体的成员当中，行为与意志力就帮不了人们达到自己的目的。

为了达到群体的共同目的，群体之间会发生联系，就像人体内的各器官需要协同作用达到共同的目的一样，但也不至于每个成员都必须发生联系。在群体生活之处有许多相邻的形式存在，如文明群体与愚昧群体就可在同一时间和地点存在等。

人们借助广泛分布于城市与人民当中的生活方式、脾气和能力建造自己的住所，达到生活的目的，获得彼岸世界的终极幸福，而且世俗科学将不同生活方式、脾气和能力区分开来。

达到终极幸福所凭借的生活方式、脾气、性格和意志本身具有高尚的道德，是一种极为美好的幸福。与其相反的行为与能力看似高尚、美好，其实不然，其本质是丑恶的。

第一，世俗科学解释广泛分布于城邦和人们当中的共同行为与能力。在管理时，能够让人共同做出某种行为，发挥某种能力，并使其不消亡、浪费，得到巩固。

能够实现并保持人们生活方式、能力的统治只有在从事巩固和保持这些特质的行为中才能发生。

这是统治者或相当于统治者的人应从事的工作。巩固城邦和人们具有的上述生活方式与能力，并将其保持下来，这是政治的活动范围，也只有在政治统治下才能得以完善。因此，政治首先应该以强化、巩固行为与能力为基础，其次是将其保持下去。

城邦或人们的生活方式、能力推动人们达到终极幸福，将这些行为、能力保持下去的统治是高尚的统治，所从事的事业是高尚的事业，以这种事业为基础的政治是道德政治。这种政治统治下的城邦是道德之城，城邦的居民是品德高尚之民。

如果这种统治与政治没有将真正的幸福——终极幸福作为自己的

目标，而是将现实生活中人们面对的幸福作为追求的目标时，就不是高尚的。这只能被称为无知的统治、愚昧的政治和昏庸的统治，而不是"神圣高尚的统治"，因为古人认为，国王的统治都是高尚、道德的。

如果人的行为、能力允许对城邦和居民进行昏庸的统治，这样的城邦和居民是愚昧无知的，作为城邦组成部分的个人则是无知之人。这种统治、这样的城邦和居民分为几种类型，每种类型根据人们追求的目标不同可分为好色型、虚荣型和强制型等。

美德城居民可以根据自己的意愿自由选择是否在"无知之城"生活。如果他们选择在那里生活，就会感到自己是异类，好像某种动物被安上了其他动物的腿脚一样。"无知之城"的居民如果迁居到美德城，同样会有成为"稀有动物"的感觉。因此，如果美德城居民生活在缺少道德的"无知之城"，其行为在当地得到赞许，就会渴望逃离到美德城。

第二，道德统治的内涵。

统治穆斯林的世俗科学解释了是在城邦与人们之中建立起原来未有的道德生活方式与能力，将城邦和人们从无知的生活方式引向道德的生活方式。这样的统治之人就是首任领导者。统治行为按照第一种方式进行的被归为第一种类型。这样的统治者被称为遵循圣训①的管理者和领袖，这样的统治是遵循圣训的统治。

道德统治要保持、巩固城邦和人们道德的生活方式、能力与行为，避免受到非道德生活方式的威胁，这是美德城精神上的痛苦。进行道德统治与从事医学有些类似，因为医学包括保持人体健康，预防疾病的所有知识。

第三，世俗科学认为，医生应该了解世界万物相对、相克的知识，寒抗热，大麦水和酸豆水抗黄热病等。这三种情况与其他情况相比更为普遍。事物之间相对、相克是普遍现象，而用大麦水抵抗黄热病则是具体的一部分。我们说"寒对热"是处于普遍性与特殊性的中间状态。

当医生为某人治病的时候，例如治疗赛义德的黄热病，他不能满

---

① 指先知穆罕默德言论与活动的汇编；也有规定之意。

足于对事物普遍相克的了解，在没有对病人的病情做出检查的情况下，不能仅凭部分专业知识，用大麦水治疗黄热病。他在决定如何使用大麦水之前，首先应该检查病人的病情。可能使用凉的或湿的方式来治疗，也可能应该往大麦水中掺入其他物质，单一的某一种物质不能发挥应有的作用，等等。如果只需用大麦水进行治疗，医生应明确发挥药效的药量，根据患者身体胖瘦、患病时间等特殊情况决定使用大麦水的剂量、性质和治疗时间。他不能不检查病人，而做出简单的判断。只有这样，医生对病情的判断才符合患者赛义德的实际情况。

世俗科学还认为，有些知识是医生在所研究的医学书籍中无法获取的，某种治疗方式单纯依靠医学书籍总体、概括性地介绍是无法获得的。医生的能力在对个体进行治疗的实践和对患者病情的长时间观察当中得以提高，治疗经验也随着时间不断得到积累。

真正的医生应完全掌握职业技能，了解自己所从事职业的方法，并具有以下两种能力。一种是对整体认知的能力（是其职业技能的组成部分，并能充实自己的职业技能）；另一种是随着时间的推移，在治疗的实践和所从事的职业中不断积累的能力。

第四，首任管理者从事的事业也大抵如此。它涵盖了事物的共性，但并不局限于对事物的认知行为。同时，还具有通过经验与观察不断积累的能力，以保证对行为数量、性质、时间和行为获得的其他事物进行判断。这项事业只有在对每个城邦、每个民族和每个人的统治中，在解决产生的所有问题中才能得以实现。由于矛盾的普遍存在，统治行为也具有双重性：统治方式是否适合这个城邦、这个民族或这个人。

每个人借助于力量，根据对整体、每个城邦、群体和每种情况的认知，确定自己的行为，也可以根据他在城邦或人们当中遇到的具体情况进行确定，这被古人称为理性。

这种力量可以通过对职业技能的了解与掌握，人际交往的经验等方面获得。

作为哲学一部分的世俗科学对行为、生活方式、意志力以及总体进行研究，并对其做出描述。而且，在判断的过程中对部分进行认知，例如，通过何种事物以及数量能使部分得以明确，但对具体的行为不做出判断，因为行为判断属于哲学之外的其他领域。大量无穷尽的情况需要认知，但这些不是哲学涵盖的范围。

世俗科学由两部分组成。一部分是对真正幸福与表面幸福的认知；行为、生活方式、脾气、性格、城邦与民众意志力的分类。这时，世俗科学将美德之城与愚昧之城、道德居民与愚蠢居民区别开来。另一部分是对巩固道德行为与能力的认知，并将认知灌输给城邦居民，还包括促进、强化与保持上述行为的内容。

世俗科学将不道德的统治及数量进行了分类，并对每类统治者利用居民达到自己目的的行为做出了描述。

非道德的行为、生活方式与能力对美德城来说是一种痛苦。非道德的生活方式与政治是对道德统治的精神折磨，而非道德之城固有的行为、生活方式与能力则是对美德城的精神折磨。

世俗科学对道德统治、美德城生活方式转变为非道德生活方式、能力的原因及指向做出了分类，并指出这种转变是如何发生的。

对美德城和道德政治采取的行为做出分类、认知，使其不至沦为罪恶的、不道德的行为。

对发生非道德性转变，美德城和道德政治遭到破坏时可以使其恢复为正常状态的事物进行了分类与认知。

最初的道德统治对所从事的事业没有完整性认识，不与理论哲学相结合，而且是非理性的，因此不可能完成。

理性是一种在对城邦居民、居民和群体施加行为时获得经验的力量，有助于每个群体、城邦、民族明确其行为、生活方式与能力。同时，还有助于明确每个城邦、民族和群体在各种情况下的行为。

理性将最初进行的道德统治融入自身。

至于在最初统治之后的圣训统治，则无须借助于哲学。

美德城与道德居民最有益、最高尚的行为是在确定第一位领袖时，明确统治者、管理者可以进行更迭。

世俗科学还指出，为使相互更替的领导者具有相同的美德，而应该采取一定的措施。

世俗科学指明，应通过何种特征在领袖的孩子当中寻找统治者，使其成为像首位领导者那样的管理者。应该如何教育未来的领导者，让他健康成长，教会他成为优秀统治者的各种能力。

如果统治者的统治是非道德的，他不可能体验到掌握事业奥秘的乐趣，也不会对哲学充满兴趣。但他可以通过实现预定行为获得经验，最终达到自己的目的。令人厌恶、可憎的统治者通过这些行为获得表面的幸福。他需要寻找可依赖的事物以判断自己的行为与城邦居民的行为，将统治归结为他本人的经验或是共同参与者的经验，也可能是具有相同目的的领导者的经验。他按照自己的教育方式与学到的内容效仿这些经验，做出令人厌恶、下流、狡猾的事情，并通过个人经验认知事物。

世俗科学解释了世界万物的总体性，并从世界上最低级的事物开始谈起。低级事物无法领导其他事物，作用只是服务性的，不是领导性的。从中又划分出一些能直接领导低级事物的事物，它们与受其领导的事物相近。

世俗科学明确了统治阶段与确定统治阶段的方法。具有统治地位是远远不够的，自然机构与力量无法掌控自己，需要借助其他机构与力量进行管理，同时还需要能管理、教化它们的统治。

随后又从中逐渐出现可以统治其他事物的事物。世俗科学明确了这些事物的统治地位与确定统治地位的方法。虽然与其他统治相比，这种统治更加全面，但只有统治是远远不够的。自然机构与力量无法掌控自己，必须出现一位重要的领导者。同时还需要能管理、教化它们的机构与力量。

于是，事物由低级阶段不断向高级阶段发展，统治逐渐得以完善。

于是，一种完善逐渐发展到另一种现实性的完善。在发展到高级阶段、达到现实的完善和完善的统治后，仍需保留一些现实的低级发展阶段。每种现实性的发展都将使不再发展的事物数量得到减少。

世俗科学从唯一性与多样性方面对事物的性质进行了阐述。事物发展永不停息，最终从逐渐的发展到完善的发展。一种统治阶段不断发展到统治的完善阶段，直至达到事物唯一的存在性。

事物的现实存在具有唯一性。世界上不存在除它以外的任何领导者，也没有任何领导者的地位可以高过现实存在。任何人没有资格教育这个至高无上的领导者，除他以外的一切都处于被领导的地位。现实存在在存在的过程中抛弃了所有缺点，没有任何事物比它更加完善、更加高尚。除此之外的一切都具有这种或那种缺点。离事物的现存性程度越近，表明事物越完善，但永远达不到现实存在的完美程度。

随着现实性完美程度的降低，现实性完美达到最低阶段，辅助性行为成为该阶段的行为。于是没有任何事物比现实性更为落后，它的行为不再是统治行为。

没有任何一种事物比这种统一性更加完善。统一性行为不是辅助性的，每一个处于中间阶段的事物都为领导者服务。

事物的联合、联系与行为的调整并不考虑其多样性，只是作为一个存在于统一性之下的事物整体。统一性根据事物的自然特性、服务或管理，或二者兼备的行为表现、确定它们的地位。

世俗科学利用这种情况分析人的宗教力量。

世俗科学利用这种情况分析人体各器官。

世俗科学利用这种情况分析美德城的特质，并指出，统治者和第一任管理者将各种特性结合起来就成为世界多样性存在的统治者——安拉。

世俗科学确定了城邦居民与群体的地位，他们的行为不是统治性的，只是服务性的，其意志力同样不允许进行统治，只能是辅助。

处于中间地位的群体受到其他群体的领导，并为地位高的群体服务。

事物越接近统治地位，其行为与机构越完善。因此，它们离完善的统治越近，就越能达到统治的地位。

世俗科学还指明，处于服务性地位的人是不能进行统治的，进行统治的只有处于统治地位的统治者。

此后，逐渐发展的第一阶段、服务阶段发展到最近的一个阶段，不断接近高级阶段、统治阶段。这种由低级到最高级阶段的发展过程一直持续达到处于统治地位而不是服务地位的城市领导者阶段。

随后，从统治阶段发展到对美德城的统治者与第一任管理者进行教导的宗教人物阶段。宗教人物将人们变为宗教信仰者，至高无上的安拉训示通过宗教人物传递给美德城的第一任管理者，这是宗教人物阶段。

逐渐性发展在没有达到安拉阶段不会停止。在此阶段，安拉的启示得以增光，获得荣耀。

世俗科学对安拉的启示如何传到首任管理者做出解释。美德城第一任管理者通过至高无上的安拉的启示领导城邦和居民。这样，首任管理者的统治才能按部就班地在城邦的各部分得以顺利实现。

至高无上的安拉像统治世界一样统治美德城，但他对世界至高无上的统治与对美德城的统治是有区别的，二者之间存在着和谐。同样，世界、美德城与人们之间也存在这种和谐。

美德城各部分之间的和睦、联系、秩序与相互作用是必需的，它们存在于城邦各部门和意志力之间。

与世界统治者将世界各部分变成和睦、相互联系、有条理、相互作用一样，不考虑统治的多样性，而将各部分看作一个整体，为实现同一个目标而实行一个相同的行为。城邦管理者应在人们的内心与城邦中创建、明确和睦、相互联系和相互作用的机构与意志力，使人们不考虑其构成的多样性、地位与行为的区别，而将其变为实现同一个目标、进行同一个行为的整体。

这与人体各器官协同发挥作用异曲同工。

这与世界创造者赐予世界及其各部分自然特性与本能一样，它们共同交织在某些事物当中。于是世界及其各部分的存在将永远建立在世界被创造出来的基础上。道德城统治者的行为也理应如此。

道德城的统治者在人们心中明确了联合、联系和相互作用的道德能力，但他不受道德机构与道德能力的局限，而应赋予人们维护和巩固道德、实现人们内心最初幸福的事物。

总之，应该遵照安拉的旨意，沿着世界缔造者指引的道路前行。

坚持存在的多样性，注意被创造之物的性质、本能与自然形式。同时，世界万物都被赋予了符合其相应地位的幸福。

世界的创造者同样赋予城邦和居民以解决问题、确定其形式与性质的观点，使每个城邦、每个人怀有符合自己地位与功绩的幸福，实现他们在此岸世界与彼岸世界的幸福。

为此，道德城的首任管理者需对理论性哲学非常了解。否则，他就不能按照安拉创造的万物前行，行使自己的职权。

同时，城邦中会出现共同宗教观的现象，即将全体居民的观点、信仰和行为联系、联合在一起，从而将城邦各部分联系、联合在一起，这是一种不可避免的趋势。

因此，为达到终极幸福的目的，万事万物的行为必将是相互和谐、彼此联系的。

阿门！

第六节　阿里·法拉比主要思想摘要

一　通往幸福之路

为了无限仁慈的安拉！

优秀、健康的思维是指人们确信真理或具有辨别正误、走向真理的能力。当自己的一生被认为非常美好时，这样就可以认为是获得了幸福。[①]

中间位于两个极端之间，在极端当中也能找到类似于标准或处于中间的事物，应该注意这种近似于中间的极端。

因此，鲁莽与勇敢、浪费与大方、出洋相与俏皮、阿谀奉承与友善、自卑与谦虚、假装与真诚之间都有相似之处。我们应避免一些极端的倾向，譬如当危险降临时，有些人表现出懦弱、缺乏勇气，在生活中表现出小气和不大度等都是这样的例子。[②]

有些人在完成理性要求的过程中表现出理智与果断。我们通常把这样的人称为自由之人，不具备这两种特质的人则称为野蛮之人，具备理性但不果断的人则是天生的奴隶。

还有一些人果敢而不理智，这样的人会遭到别人的非议。这种人对非议或唯命是从，或抗争到底。如果他不听从议论，会被认为是野蛮之人；如果听从，就能在以后诸多方面获得成功、取得成绩，并从奴隶步入自由人之列。[③]

[①]　阿里·法拉比：《社会伦理学论文集》，阿拉木图：科学出版社 1973 年版，第 6—7 页。
[②]　同上书，第 23 页。
[③]　同上书，第 28 页。

正确的判断力有两种：一种是认识固有的事物或现象，而不做或不亲力亲为。例如，我们知道世界是被创造的，安拉只有一个，或人可以认知众多感性的事物等。第二种是既可以对某事物或现象认知，也可以亲力亲为创造某物。如果不积极参与，对某些事物的认知就没有理据、毫无说服力，也毫无意义。

二　世俗政治

人是一种动物，通过彼此联合，群居在某一地区。人可以获得期望得到的结果，达到最完美的结局。[①]

美德城的每位居民都应了解现实中各种事物的起始原因、发展阶段、道德城最初的领导者、领导过程、在实现幸福的过程中值得颂扬的事情等。当然，人不能仅局限于知晓这些事物，而应努力创造性地做些事情，这必将美德城居民引向前进，并使其行为不断完善。

现存事物的起因、发展阶段、幸福、道德城的领导可以通过人的思维进行理解或想象。当这些事物以客观存在的形式印刻在大脑中时，人可以通过思维解释这些事物或现象。如果事物的映象或对事物的理解印刻在人的内心深处，人就会对此进行想象。这与在可见事物中观察到的情况类似。例如，人可以看见自己，看见水中自己的倒影，也可以在水中或其他镜面物体中看到自己的图像。我们看到的自身同理智理解的现存事物的起因、幸福等有相近之处。我们在水中看到的人的倒影与想象类似，而在镜子中看到的自己的图像，只是我们看到了自己身体近似的图像，而不是身体本身。对上述事物的理解实际上只是一种相似的想象，并非事物本身。

大部分人天生已经失去了思维理解能力。他们只能通过类似的映象想象曾经存在的事物起因、发展阶段、积极活跃的理性与第一任领导。上述对事物的理解与其自身是统一的、不变的、千差万别的。不管是与

---

① 阿里·法拉比：《社会伦理学论文集》，阿拉木图：科学出版社 1973 年版，第 108 页。

事物类似的映象，还是有相似理解的可见物体，映象与反映的事物之间只有部分相似。于是，在水中观察到的人的倒影比人画像的图像更接近于真实的人体。因此，一个群体在类似映象中想象的事物与另一群体的想象是不同的。这就是为什么不同的道德居民与美德城相信同一个幸福，但可以有不同的宗教。

宗教是上述事物或人心中映象的反映。因为，广大人群很难理解这些事物、现象及其现实存在，因此只能借助类似映象的方法对事物进行认知。

每个集团、每个民族将这些事物与自己熟悉的事物进行对比。一部分人认识的事物与其他人认识的事物也各不相同。相信幸福的大部分人相信想象的事物，而不是认知事物。大部分人通过想象，而不是认识接受这些事物，这也是人们接受、效仿与推崇的起因。

人在认识中相信幸福，并不断探索事物的起因，这样的人是聪明之人；认为事物存在于内心想象当中，并在想象中接受、相信这种想象的人则是宗教信仰者。①

集体之城是指该城的每位居民都有做自己喜欢之事的自由权利，相信人与人地位平等，其法律不会在众人面前偏袒某个人。城邦对每个人和其他城中居民的影响越来越大，目的是不断扩大、巩固人们的自由。在城中可以遇到脾气与性格各异、关爱、愿望与享受各异的人。集体之城的居民由数量众多或相似或各异的集团组成。

在这座联合了其他城邦的城邦中，卑鄙与高尚并存，之前提到的任何领导都可以遇到。城中居民与管理他们的领导者没有任何关联，因为居民们有权任命自己的管理者，而领导者只能在被管理者的意志下行事。城市的管理者听从于被管理者，后者并不听从他们的命令，也就是说这些城邦实际上并不存在领导者与被领导者。

为城中居民赋予自由，满足其愿望与要求的人，保护自由并满足居民之间或与外敌之间愿望的人，自己的愿望受到必要性制约的人都会

---

① 阿里·法拉比：《社会伦理学论文集》，阿拉木图：科学出版社 1973 年版，第 133—136 页。

受到人们的赞美与尊敬。

他们服从的人是受到大众尊敬与爱戴的人。其中一些满足自身愿望、获得利益的领导者与居民相同，人们根据他的行为赐予荣誉和钱物。这时，居民们不认为管理者是值得尊敬的，他们自己才更值得受到别人的尊敬，因为是居民们分配给领导者荣誉与财物，而不是领导者对城邦居民有多么重要。

城市的管理者或通过满足居民们的心愿，或是以其先辈的英明领导著称，而后为他保留了父辈的领导权力等手段以寻求人们的尊敬。这时，居民们在领导者的领导下，城邦居民无知的愿望和目的被全盘接受了。这样的城邦是最美好、最幸福之城，其外在形式好像人们的穿戴花花绿绿、装束五颜六色。因此，这里成为每个人绝佳的住处，因为城中每个人的愿望与追求都能得以满足。人们汇集于此，在此定居，城邦规模不断扩大。出生在此地不同氏族的人发生各种各样的婚姻和两性关系。不同氏族、受不同教育和出身的孩子也在这里出生。该城由多个具有不同部分的联合体组成，外国人也不被排除在当地居民之外，所有愿望与行为在这里结合在一起。因此，随着时间的流逝，这里有可能哺育出最受人尊敬之人。智者、演说家、诗人等也在这里生活。与其他城邦相比，善与恶在这里更加紧密地结合在一起。城中人口愈加稠密、规模愈加扩大，善与恶就愈加紧密地在这里共存。①

还有一些竭尽全力满足自己嗜好的人，最高尚的可能服务于最卑鄙的可能。思维能力处于愤怒和嗜好的从属地位，而愤怒又从属于嗜好。人在此时的判断只是为了表明，愤怒行为与嗜好行为是如何产生的。人们将愤怒行为和器官行为指向满足饮食、性行为等能达到和保持这些行为的事物。

在一些著名的突厥人和阿拉伯人等沙漠居民身上都能发现这一特点。追求权力、饮食和两性关系上的无节制是这些人的共同特质。他们崇拜女性，很多人纵容自己的淫乱，而且不认为这是堕落，当内心沉湎

---

① 阿里·法拉比：《社会伦理学论文集》，阿拉木图：科学出版社1973年版，第156—159页。

于某种嗜好不能自拔时，也从不克制。很多人喜欢在女人面前炫耀自己曾经做过的事情，为了让女人高看自己。女人的指责被他们认为是耻辱，而女人的赞扬则认为是一种荣耀。他们放纵女人的嗜好，因此，女人在家庭生活中常常扮演领导者的角色。①

三　国务活动家格言

高尚的道德有两种：伦理道德和精神道德。精神道德指智慧、理智、睿智、机敏和悟性等心智的道德。伦理道德指温和、勇敢、大方、公正等趋于内心的道德。恶习也可进行相应的分类。

高尚的伦理道德与丑恶的陋习是受某一时段道德行为和习惯的影响形成的，某种良好的行为和不良习惯因多次反复影响人的内心世界，所以能在人的内心留下根深蒂固的影响。②

人的高尚道德与恶习不是天生的。每个人不可能生来就是一个纺织工人或抄录员。人天生具有的只是与高尚道德或恶习相关的某种状态，而且与其他行为相比，这种状态的行为更容易做出。③

人不可能与生俱来就掌握某种技术本领，也不可能天生具有高尚的伦理道德或精神道德，更不可能具备全部高尚的道德品质。同理，人天生不可能就具有某种恶习，天生既有某些高尚的道德，又有某些恶习更不可能。大部分人具有某种或某类高尚的道德，一个人具有某种道德或技艺，而第二个人、第三个人则具有其他的道德或技艺。④

统治者向敌人发动战争的目的是征服他们，令其臣服，尊崇自己的命令，迫使对方接受领导与管理。而且统治者认为，让对方听从自己的命令是必要的。因此，这种战争是非正义的战争。

经常有些充满怒火的人借杀人平息内心的愤怒，但有时他们所杀

---

① 阿里·法拉比：《社会伦理学论文集》，阿拉木图：科学出版社1973年版，第161—163页。
② 同上书，第179页。
③ 同上书，第180页。
④ 同上书，第181页。

之人并不是令他怒火中烧的人，而是与之无关的人。①

高尚道德之人应远离死亡，延长自己的生命，做出更多令自己幸福、快乐的行为；同时，美德城居民也能获得其高尚道德带来的利益。如果他的死比生能给美德城居民带来更大利益，这时他就可以走向死亡。②

高尚道德之人自然死亡或非自然死亡之后，人们不应为他哭泣，而应为城中居民的利益痛哭，因为城邦需要他，他所达到的这种状态也为人们所羡慕。在战场上战士会牺牲，为了城中居民的利益，战士的牺牲精神是值得赞美的，为了正义，他会迎着死亡走去。③

人类的事业是建立在意愿基础上的最伟大的幸福，而在贪恋权势的城邦中则变成了不道德的事业，这是世界发生灾难的根本原因。因此，道德高尚之人不应陷入罪恶的政治之中，如果当时存在美德城，就应该迁居到那里。如果没有，道德高尚之人在这样的尘世中会感到自己是一个过着痛苦生活的异类，对他来说死比生更加美好。④

四　论幸福

世界上最有益、最美好的东西莫过于人们普遍公认的或某个民族所公认的事物和现象，这才是美好的或真正美好的东西。高尚道德的目的是创立高尚的幸福，这是被普遍公认的或被某个民族认可的，这种高尚的幸福是真正的幸福。从每个民族认可的最美好的事物当中，可以发现该民族固有的伦理道德。⑤

被实践检验了的观点比普遍公认的观点更正确。⑥

理论知识在广大民众中传播，往往会受到来自社会各方面不同意见的抨击，传播也受到不同程度的限制，而广泛传播优秀人物的理论观

---

① 阿里·法拉比：《社会伦理学论文集》，阿拉木图：科学出版社 1973 年版，第 231 页。
② 同上书，第 243 页。
③ 同上书，第 245 页。
④ 同上书，第 261 页。
⑤ 同上书，第 314 页。
⑥ 同上书，第 271 页。

点则不会受到社会其他观点的制约。人们相信优秀人物相信的内容，并知道他们知道真正能经受住检验的前提。①

说服与引导想象的方法只在教授普通百姓和寻常人时使用，而在教授优秀之人时使用的是正确理解事物本质的论证方法。从统治者的角度看，这种认知是超前的，也是完美的。其他主要的认知方法都从属于该认识，属于第二种或源自第一种，或是从第二种认知中派生的第三种认知。这些认知都是在第一种认知的基础上产生的，是为达到目的（即达到终极幸福），完善人的道德，达到终极幸福时使用的。据说，这种认知最早出现于生活在伊拉克的迦勒底人当中，随后在埃及、希腊、叙利亚和阿拉伯等地传播。这门学科的内容都是用希腊语表述的，随后被翻译成叙利亚语和阿拉伯语。掌握了这种认知方法的希腊人将其称为绝对的智慧、伟大的智慧和科学。因此，这种认知的学科性质是哲学的，并以此理解所谓伟大的智慧，把理解、掌握这门科学的人称为哲学家或有伟大智慧之人。人们认为，哲学涵盖了所有高尚道德潜在的内容，因此被称为科学中的科学，技能中的技能，在此基础上被理解为包括所有技能的技能，涵盖所有高尚道德的道德，包含所有智慧类型的智慧，因为只有在智慧之下，人才能理解这门范围广泛的学科。②

经过正确的认知，首先达到理论上的高尚道德，随后达到实践上的高尚道德，而后将两种类型的高尚道德赋予给城邦与居民的人是绝对完美的哲学家。③

如果真正的哲学家没有找到自己的用武之地，那么他的存在是毫无价值的，因为人们认为，他的存在对城邦居民来说是无足轻重或毫无意义的。④

① 阿里·法拉比：《社会伦理学论文集》，阿拉木图：科学出版社 1973 年版，第 332 页。
② 同上书，第 334—335 页。
③ 同上书，第 336 页。
④ 同上书，第 348 页。

第七节　国际阿里·法拉比日

每年在阿里·法拉比哈萨克国立大学举行的"国际阿里·法拉比日"是所有哈萨克人文化生活中的一件盛事。阿里·法拉比的著作将会成为文化研究的核心，这有助于提高人们对全球文化史的研究兴趣，建立文化与人类历史间连续的有组织的联系。

阿里·法拉比是历史上伟大的文化活动家之一，他当之无愧地受到哈萨克人民的敬重。阿里·法拉比作为伟大导师，他的遗训也永远为哈萨克人民所铭记。

关注遥远的过去和哈萨克科学文化史上灿烂的篇章能够增长知识，此外，还具有不可估量的重要意义。全体哈萨克斯坦公民是所有这一切最优秀、最有价值文化遗产的继承者，所有这一切是在世界文化历史的长河中建立起来的，而且现在已成为全人类的财富。

因此，我们有权利，也有义务让我们的后代研究阿里·法拉比，珍惜我们的天才前辈们所创造的一切。

阿里·法拉比在一千年之后，又回到了我们中间。

"天才不会死亡，他们永远活着。他们的智慧时时处处伴随着我们。"

2014 年，为纪念阿布·纳斯尔·穆罕默德·伊本·穆罕默德·伊本·吾孜拉克·伊本·塔尔汗·阿里·法拉比诞辰 1145 周年暨阿里·法拉比哈萨克国立大学成立 80 周年，哈萨克斯坦举办了第一届国际阿里·法拉比朗诵大会（2014 年 4 月 2—12 日）。

希望这次大会成为哈萨克斯坦共和国每年一次的国际阿里·法拉比日的正式开端。

　　我们在此收录了第一届国际阿里·法拉比朗诵大会参加者的演讲文稿，并节选了部分著名文化活动家的文章以飨读者。

　　现在在阿里·法拉比哈萨克国立大学正在进行一项卓有成效的科学创新项目"AL-Farabi University Smart City"（阿里·法拉比智慧大学），该项目有着巨大的研究潜力和广阔的研究前景。

　　当今"Smart City"（智慧城市）研究项目在所有发达国家得到积极顺利地推进，特别在人际交往层面上的意义更加令人关注：通过采用信息交流技术保障公民的生活质量。

　　该项目的目的在于建立新一代的大学——"Smart University"，在这里，最新的科学技术和人类的精神财富可以共存，在此基础上可以为解决科学、教育以及社会问题提供新的途径及方法。

　　从本质上讲，"Smart City"的原型就是阿里·法拉比提出的"美德之城"。面对21世纪全球现代文化危机，阿里·法拉比"美德之城"的理念顺应时代潮流，具有重要的现实意义。"美德之城"的理念毫无疑问将成为"Smart City"研究项目最主要的人文、道德方面的方向标。"Smart City"概念的提出符合阿里·法拉比的精神，将成为人们正确、文明的选择，并可以扭转当下全球人文精神缺失和当今人类社会道德不良的倾向。

　　未来"Smart University"有希望成为我们这个"Smart City"的基础，之后将是"Smart Kazakhstan"（智慧哈萨克斯坦）。这样的发展必将为哈萨克斯坦跻身世界发达国家之列助力。

　　科学界认为，人类的生活应该反映宇宙的和谐，努力探求把社会发展规律与宇宙永恒的存在联系起来。为建立完善、和平、和谐、互信的人类社会，需要理解最初的生活原则——具有奠基意义的自然。不了解世界和谐统一的秘密就不可能建立完善的社会。阿里·法拉比完善社会的概念就建立在这种认识基础之上。阿里·法拉比民族学理论的主要范畴是关于幸福的研究。没有深入、全面的知识和对宇宙美与和谐的研究就不可能获得幸福。

木塔诺夫（哈萨克斯坦），阿拉木图，2014年在解释获得最完美的东西——幸福的问题时，阿里·法拉比经常采用正反两方面对比的方法，或结合或分开进行论述。因为阿里·法拉比认为，获得幸福的条件包括正面的，也包括反面的，是"赞扬与批评的结合"。这些因素通过身体、道德和精神之间的积极作用表现出来，上述三种能力是个人高尚与丑陋行为的基础。

卡思姆然诺夫（哈萨克斯坦），阿拉木图，1973 年

阿里·法拉比对欧洲中世纪复兴以及在新时期之初对复兴的延续产生了巨大影响。

早在 2500 年前柏拉图就曾说过："假如你不是哲学家，就没有权利进入柏拉图学院。"

1400 年后，如果阿里·法拉比能够重生，他一定能骄傲地走进这座著名的学院，因为他是与阿里·金季齐名的一位伊斯兰世界最早的突厥哲学家，并赢得了亚里士多德之后"第二导师"的称号，这是巨大的荣誉。

在阿里·法拉比的所有著作中，包括他贡献一生的经典著作《理想之城》的《美德城居民观》中，阿里·法拉比依据纯抽象的观念和哲学猜想，论述了符合柏拉图理念的教育观点。比如，他揭示了哲学的本质与宗教信仰之间的联系。这种哲学反思于五百年之后在欧洲大陆普及开来，并步入了文艺复兴时代。根据阿里·法拉比的观点，为获得对一切事物概念的正确解释和正确的世界图景，哲学是必需的；宗教的世界观是现实象征性的代表。哲学的世界图景在论证的基础上产生，并赋予社会精英。这时，作为宗教的世界观，更加注重相信与象征，成为关注人类大众最具魅力的教学法。

阿尔伯特·费思勒（法国），阿拉木图，2014 年

当数学的发展趋于完善，在寻找最完善的论证方法过程中，人们开始用与数学相似的证明方法研究实践性与理论性的哲学。

两种方法可以让人们更好地了解哲学原理：一是借助于哲学自身

表达必然真理的论断；二是通过辩证法、修辞学和诗学的言语来理解。使用第一种方法的只是少数卓越的人才，而第二条方法则面向广大民众。阿里·法拉比强调，为使民众信服某种通过必然推理建立起来的理论现象或者实践事物，特别适合使用修辞学和诗学的言语。

到了哲学思维阶段，人们意识到需要政治，制定一系列法规，目的在于使广大民众熟悉哲学提出的相关原理，其方式不是以纯形式的，而是在象征外衣包裹下的原理。这些象征方式构成了宗教的本质，因为这些象征方式不是别的，而是类似于哲学的本质或是哲学的模仿者，因此，宗教充其量是哲学的模仿者。

阿里·法拉比写道："这就是为什么立法者对辩证法和诡辩术加以禁锢的原因，用最有效的方式杜绝学习这两种方法，有义务保护宗教原来状态的统治者们就是这么做的。"但阿里·法拉比痛苦地发现，禁止措施恰好反对解释民族与宗教特性、统治者追逐目的的哲学，于是他补充道："从每一种对抗哲学的宗教看出，对抗都是凯拉姆（伊斯兰教教义学）引起的，凯拉姆的拥护者反对哲学捍卫者的方式就是该种宗教与哲学进行对抗。"[1]（尽管他们的出现已经证明社会生活中的某些变化，指出了对社会生活某些方面进行变革的必要。）[2]同时，正是卡拉姆教义的拥护者们用辩证法和诡辩术作为自己斗争的武器。

阿里·法拉比允许在条件尚不成熟的情况下，哲学家们开展各项工作。

社会的理想状态只有在哲学及其"继女"——宗教在社会精神生活中占据统治地位时才能出现。这种宗教同其他宗教一样，产生于《意见》，并且是真正的《意见》，因为只有用证明的方法才能获得的真理掩盖在象征形式的外衣之下。由此，阿里·法拉比为理想国的统治者提出建议，必须将哲学家、伊玛目和统治者的所有优点集于一身。

萨加捷耶夫（俄罗斯），阿拉木图，1975 年

---

① 巴尔多里德·B.B.：《文集》第 6 卷，莫斯科：科学出版社 1966 年版，第 156—157 页。

② 参见比尔德里斯·E.Э.《波斯——塔吉克文学史》，莫斯科：世界文学出版社 1960 年版。

　　阿里·比鲁尼和阿里·法拉比都属于科学领域中孜孜不倦的探求者。他们不断探寻人类未知的道路,用自己对科学的贡献驱散了迷信的黑暗,努力使人的思想摆脱宗教桎梏。他们相信人类理性的力量,试图拉近理性与最高理性的距离,而最高理性并不是超自然且遥不可及的,它是世界和谐统一的顶点,是世界和谐统一的组成部分。作为人类之上的完善标准,这种理性要在全面揭示人类身体和精神力量的条件下才可获得。而揭示上述力量则取决于人类自身和对自由的选择。

　　阿里·法拉比和阿里·比鲁尼的出生时间相距一百年,在历史长河中,一百年的时间并不算长,但是共同的追求——为人类谋求幸福、为人们探究幸福之路的共同思想将二人紧密联系在一起。

　　从整体上认识自然及各种自然现象使人们对宗教的认识和看法发生了改变:不再盲目相信上帝,而是尝试去认知上帝,了解他作为世界和谐统一的意义。

　　中世纪哲学和其他学科之间的界限还不是特别明显,当时学者的研究兴趣非常广泛,包括哲学和自然科学在内的一切问题都在研究范围之内。通过某一方面研究的侧重才使得我们判断出他是哲学家还是自然科学家。因此,我们将阿里·法拉比看作一位哲学家,而将阿里·比鲁尼称为自然科学家。但对阿里·比鲁尼来说各科学研究领域不是孤立的,所以想成为思想家就要求每一位学者不管属于哪个学科门类,首先必须是广义的哲学家。

　　阿里·法拉比和阿里·比鲁尼的研究开始于探究宇宙的规律。阿里·法拉比建立的宇宙模式反映了当时思想的新潮流:将亚里士多德的宇宙观与新柏拉图观点相结合。这种模式给阿里·法拉比留下了深刻的印象,并使他坚信自己的想法:这种模式的前景反映了理性的全能与全面深入性。宇宙理性是取之不尽的源泉——起因与最初的存在放射出理性力量的光芒,这种理性力量发展到一定阶段和程度时就具有了物质世界的潜在力量。转化的中介就是处于最后阶段的行为理性,而从可能转变为现实行为的关键一环就是人本身,人可以在将来对其他事物产生不可估量的影响。

阿里·法拉比的思想及对理性的信仰于 19 世纪被东方启蒙者在更新、更深入的基础上加以发展，其中特别值得一提的是阿拜。通过了解菲尔多西（约 940—1020 年或 1030 年，波斯和塔吉克诗人。——译者注）、哈菲兹（约 1325—1389 年或 1390 年，波斯诗人。——译者注）、萨迪（1203 年或 1210—1292 年，波斯作家、思想家。——译者注）、内扎米（约 1141—约 1209 年，阿塞拜疆诗人、思想家。——译者注）、纳沃伊（1441—1501 年，乌兹别克诗人、思想家、国务活动家。——译者注）、费祖利（1494—1556 年，阿塞拜疆抒情诗人。——译者注）等人的诗歌与近东文化知识，阿拜接受了最优秀的传统教育，这些传统的创立者之一就是阿里·法拉比。但是阿拜的伟大之处在于他没有局限于过去，而是着眼于未来与全世界的文化；包括通过俄罗斯文化去了解西方文化和古希腊、古罗马文化。

阿拜的生活本身为他提出了一个最基本的问题——道德问题。其中心思想是人、人生命的意义和人的命运，于是他成为像阿里·法拉比、尤素夫·巴拉萨古尼（约 1021—？ 年，中亚诗人、思想家。——译者注）、蒙田（1533—1592 年，法国人文主义哲学家。——译者注）一样伟大的民族作家。为阐明自己的道德标准，阿拜用自己理解的人、世界和上帝进行论证。人区别于动物的原因之一是具有认知世界的能力，人具有知识，所以人应该从童年起就要去获得知识，去学习，只有劳动和知识才能培养真正道德高尚和无所畏惧的人。人天生具有通过感官和思维认识世界的能力，所以他需要发展自身的这种能力。人是作为有道德的动物而存在，具有区分善与恶的能力。

阿拜反对预先设定人类行为的观点。他说，人凭借自身理性和对周围世界的正确认知理解一切，将世界变得更加美好。虽然阿拜承认上帝的存在，但他的思想不是宿命论的、不预先设定人类的一切行为。他的道德标准与我们所看到的一样，是和谐的世界观。这种世界观总体上是现实的、唯物主义的世界观。阿拜的理想主义是时代的馈赠，其理想主义与阿里·法拉比的理想主义类似，二者在一个世纪后交相呼应。

加苏罗夫（塔吉克斯坦），阿拉木图，1975 年

　　说到哲学，阿里·法拉比在各种场合经常使用两个词：或是希腊语"фальсафат"，或是阿拉伯语"хихмет"（意为智慧）。对阿里·法拉比来说，柏拉图和亚里士多德均为他们所处时代的优秀人物，二人都试图恢复已中断几个世纪的作为人类思维方式的哲学同智慧和上帝的思想体系联系起来。同时，阿里·法拉比认为，柏拉图和亚里士多德尽一切努力去揭示真正的哲学与上帝的智慧是不冲突的。[①]

吉姆斯·帕特里克（美国），阿拉木图，2014 年

　　我在这里尝试将阿里·法拉比的思想与当代某些哲学公理加以比较分析。基于本人对他的了解，可以说阿里·法拉比与现代哲学家的最大差别在于他是按照"部分—整体"的标准去分析的。如果说现代主义体现在科学的各个组成部分日益增强的专业化过程中，那么阿里·法拉比的哲学与大部分古希腊、古罗马晚期思想家的哲学一样，具有完整性、综合性的特征，并建立起一个全面完整的体系以解释整体与部分的关系。但阿里·法拉比又有别于古希腊、古罗马思想家，他是独立、自由的，不属于任何哲学派别。无论是他关于"上天智慧"的理论，还是他的政治哲学，都各自独立。我们不感到意外的是，《美德城居民观》《通往幸福之路》等文章完全是另外一种哲学体系，其中包含的本体论、诗学、宇宙学、伦理学和政治哲学彼此相互联系，构成一个整体。当然如果按照亚里士多德关于科学分类的原则，将阿里·法拉比的著作进行分类是一个非常艰难的过程。首先，必须理解阿里·法拉比创立的学科意义和实质，同时要找到该学科的中心组成部分。有些人认为，阿里·法拉比关于"上天智慧"的理念是其所有理念最主要的部分，因为论据十分充分。不过也可以认为，阿里·法拉比这时延续了新柏拉图主义的"辐射"理念，因此过分贬低了人的价值。根据新柏拉图主义世界模式理论，有生命力的人应该上升到存在的最高阶段，而当生命结束之后最终成为"思

———————

　　[①]　阿基舍夫·К.А.、巴伊巴科夫·К.М.、耶尔扎科维奇·Л.Б.：《古代的讹答剌》，阿拉木图：科学出版社 1972 年版。

想"。此外，人的才智具有永恒的价值。对阿里·法拉比的政治理念可以总结如下：只有借助于完善的社会人才能培养自己的才智和完善道德，卓有成效的政治体制只有按照全面从属于"第一存在"统治下的最高阶段的原则才能建立起来。

蒂亚娜·库才洛娃（德国），阿拉木图，2014 年

不久前，在我们还没有摆脱英国殖民者统治的时期，阿里·法拉比的著作在我国是稀有之物，但现在阿里·法拉比的著作已经成为我们国家中学、大学教材不可或缺的组成部分。科研院校正在全面开展阿里·法拉比珍贵遗产的研究工作。众所周知，阿里·法拉比被公认为伟大的学者，但是阿里·法拉比作为第二导师相信，正确认识自我需要在了解人类共同起源的基础上才能实现，因为这种起源反映出人类周围的现实性经验。阿里·法拉比是一位数学家，但他注重科学的整体性，所以他在音乐、伦理学和一系列社会科学领域中均采用了数学研究方法。此外，阿里·法拉比还是伟大的思想家和学者。他相信，科学的价值在于可以推动社会进步，人类自我完善，人类社会物质和精神发展。

全体哈萨克斯坦人民、全体巴基斯坦人民和全亚洲人民都为阿里·法拉比感到自豪，因为他为人类进步作出了巨大贡献。我们打破殖民主义的黑暗之后，自由之光照亮了我们国家，随后在苏联及其他国家开始了伟大的解放运动，我们才有可能回顾过去，了解那些自力更生制造仪器，建造实验室以及独立解读复杂的哲学和历史作品的先辈们。

法伊斯·艾赫迈德·法伊斯（巴基斯坦），阿拉木图，1973 年

伟大的思想家阿里·法拉比究竟葬于何处？就在叙利亚的首都大马士革。我们决定在阿里·法拉比的墓前安放一座纪念碑，使后人永远铭记这位世界第二导师。

我在阿拉木图想说的是，法拉布城距东方国家如此之近。阿里·法

拉比是来自讹答剌的突厥人，却熟练掌握阿拉伯语，并能用阿拉伯语完成自己的著作，他是属于全人类的。

　　阿德南·巴格德冉提（叙利亚），阿拉木图，1973年

　　伟大的阿里·法拉比是在人民中间宣传友谊和合作的先驱。今天当我们隆重纪念这位杰出的学者、人文主义者的时候，每一个热爱自己祖国、为改善国际环境而奋斗的人都幸运地成为了见证者，见证着世界和平共处的拥护者是如何战胜那些造成国际紧张局势和冷战思维的邪恶分子的。

　　阿拉伯人民和哈萨克斯坦人民、中亚人民一样都为阿里·法拉比的伟大学说而感到骄傲。不过遗憾的是，过去对阿里·法拉比伟大遗产的研究只局限于西方学者。

　　今天我们应该思考这样一个问题：如何用最好的方式开展学者之间的合作，如何协调各方工作。这点尤其重要，因为阿里·法拉比的科学遗产在世界各地的图书馆都要存放。此外，阿里·法拉比的著作存在不同的版本，这些不同的版本需要进行比较、注释与出版。

　　哈立德·阿卜杜拉·阿齐兹（伊拉克），阿拉木图，1973年

图 2-1 2014 年在阿里·法拉比哈萨克国立大学举办国际阿里·法拉比日，来自世界各地的学者来到雕像前纪念阿里·法拉比。

上帝哺育的人类之子

苏丹伊德里斯·穆哈迈德·阿德·金正襟危坐，目视群臣。他身材魁梧，天庭饱满，脸庞英俊，默不作声的威严使群臣感到恐惧。

苏丹就这样坐了很长时间。当两位信使匆忙走进大厅，跪在他面前时，他甚至连眉毛也没抬一下。

"起来吧！"苏丹命令道。"阿里·法拉比在哪儿？"

信使连忙站起身来，似乎没听懂苏丹的话。三昼夜不眠不休，日夜兼程，使得他们的体力严重透支，差点儿没累垮了。一位德高望重的大臣看到很难得到满意的答案，决定亲自询问。

"国王陛下，请允许我说句话"，大臣想替信使说几句好话，但欲言又止，因为他看到了苏丹不满的眼神。

"现在你可以说了。"

"尊敬的国王陛下，导师现在就在自己家中"，一个信使回答道。

"那他为什么不来见我？"

"这……我们不清楚"，一个年纪稍长一些的信使答道。

"谁知道？"

大家都沉默了。

"我想知道，对于我的邀请，阿里·法拉比是如何回答的？"苏丹大声说道。

信使默不作声。

"你们把我的话如实传达了吗？"

"国王陛下，绝对如实传达了！"

"那导师是如何回答的？"

"'阿拉伯人、波斯人、欧洲人和突厥的苏丹们都打着各种各样的旗号请我加入他们。我没有接受他们的邀请。从苏丹的来信可以看出，他对我的著作非常了解。请向苏丹转达我真挚的谢意。我永远不会为了保全自己的生命而依附于任何人。至高无上的主会对此满意的'，这些话就是导师要转达给您的，国王陛下。"

"我的礼物他收下了吗？"

"没有，国王陛下"，信使从怀里掏出了一个沉甸甸的牛皮口袋。

"什么？！他竟然连黄金也不要？"苏丹大声质问道。

信使沉默了，连忙低下头。

"继续说下去！"

"导师还说，自由是不能买卖的。"

"有意思，他还想着自由？"

"导师说，卓越的创造者对财富和权力都不感兴趣。"

"那什么能引起他的兴趣？"

"一切物质财富都不能引起他的兴趣。"

"他还有什么话要转达的吗？"

"导师说，如果苏丹想听我的想法，请把下面的话转达给他：'我的生命已经过半，我选择独居，远离世间琐事，就是为了完成我的著作，这些著作是我生命的全部意义和乐趣。我向真主祈求，希望我的愿望成真。至高无上的主听见了我的恳求，作为对我的回答，主接受了一个不能违背的条件。每天的日常所需不能超过一个迪尔亨姆（古代阿拉伯货币——译者注）。从这封信来看苏丹是明白一诺千金这个道理的。如果我的话能够打动苏丹的心，并且苏丹下定决心做善事，就请他向阿里·法拉比·穆罕默德·伊本·穆罕默德·伊本·吾孜拉克·伊本·塔尔汗·阿里·法拉比祈祷吧，至高无上的主会祝福他的。'"

"都出去！"苏丹手一挥，信使连忙退下，随后贴身护卫也退下了。而那些等待着苏丹下命令的大臣们也被苏丹赶了出去。

在宽敞的大殿上只留下苏丹一人。

听完阿里·法拉比的回答，苏丹陷入了沉思。

还在童年的时候，他曾看见父亲读阿里·法拉比的《国务活动家格言》，这本书总是放在父亲的床头。

每当提到阿里·法拉比，父亲总是心怀敬重。唯一遗憾的是他没有机会宴请导师，与他见上一面。父亲曾说，他有很多话想和导师说。当时年轻的苏丹没有被这些严肃的问题所困扰，但如今他为了寻找存在和精神问题的答案而备受折磨。夜晚他无法入眠，白天坐在凉爽的树荫下，望着奔腾的流水，他陷入深深的沉思，但精神的不平静、怀疑和恐惧却挥之不去。它们时常折磨着苏丹的精神，吞噬着他的肉体。如果此时导师在他身旁，很多问题都能迎刃而解，他会让导师直到生命的最后一刻都不会感到悲伤。

许多大人物仅仅是为了荣誉，而把伟大的东方导师留在自己的王宫里。

阿里·法拉比出乎苏丹的意料，拒绝了财富和权力的诱惑，与巨额的黄金相比更喜欢小小的铜币和自由的生活，满足于每天一个迪尔亨姆。

伟大的苦修需要坚定的意志。导师坚信，只要屈从于宇宙创造者的真理就能为自己揭示出存在的最高意义，这使他成为一个忠诚于自己使命的人。

当帝王离开人世，他能带走的只是金银珠宝。

然而当帝王在世时，他并不会想到死亡，就好像他手中的黄金葡萄酒杯从来没有放下过一样。

只有少数统治者保持清醒的头脑，没有陷入悲剧式的迷惘。

他们忘记了这个世界上只有真主安拉是永恒的。而我们个人只是浮在海面上的浪花，当风停的时候，浪花就会消失在深深的海底。

人的一生非常短暂。应当用不断的磨难去充实你的生活，而不应及时行乐。

人的一生可以概括为出生、生命延续和死亡，但这只是短短的几个词语。人的一生是短暂的，而一生的记忆则短之又短。人身后留下的印记就像蚂蚁在沙丘上爬过之后留下的印记一样。

苏丹读过导师的《论理性与科学》一书。书中"对人来说最主要的是上帝和理性"这句话给苏丹留下了不可磨灭的印象。

在阿拉伯世界未必能找到真正理解导师的人，苏丹一直这么想。

过去人们对先知极为尊重，随着时间的流逝尊重也日益减弱。因为先知的训诫可以令一些人变得道德高尚，给予他们精神力量，也会使一些人在愚昧无知中徘徊。

先知的时代过去了，随之而来的是思想家和诗人。

现在的世界都被伪先知、伪哲学家和伪诗人所占据。现在的时代是一个伪证的时代。

当先知、智者和诗人被遗忘，世界从此将变化无常，不可捉摸且短暂无趣。

普通大众还在迷惘中徘徊。

真正的思想家则保持着内心的平静。

阿里·法拉比是一位能感知、保持这种伟大平静的思想家。他尊崇至高无上的真主，崇拜其伟大的创造——具有理性的人。

苏丹明白了自己生活在一个先知、哲学家和诗人不被承认的时代。

所以他想走近导师，用热情去温暖导师孤独的心，但却事与愿违。

伟大的东方导师选择了自由。

苏丹明白了伟大导师内心的想法。他又陷入了沉思，感到心慌意乱。

第二天一大早，苏丹就召唤大臣进宫。

"既然阿里·法拉比选择了自由，那我们就应该尊重他的选择。如果导师觉得每天一个迪尔亨姆对他来说就足够了，我们就祈祷这一个迪尔亨姆永远不会消失。因为阿里·法拉比是一个伟大的人，他将东方科学发展到了顶峰。阿里·法拉比以其博学和刚正不阿的性格打动了我。这一点你们昨天都已亲眼所见。"

"是的，国王陛下，的确如此"，群臣齐声回答。

"有些阿拉伯哈里发国是不承认阿里·法拉比的。"

"陛下所言极是。"

"你们知道原因是什么吗？"

"还请陛下明言。"

"阿里·法拉比一生在为寻找人类幸福之路而努力。他毕生的追求是人借助于科学能幸福地生活，得到安拉赐予的祝福。他无时无刻不在向上天祈祷，歌颂上天慷慨、仁慈的美德。"群臣静静地听着苏丹的话，他们期待着苏丹接下来的话。

"真主将会为我们派来新的先知，但是我们怎么能发现他呢？要知道我们现在像盲人、聋子和哑巴一样处于昏暗之中。我们为马匹和骆驼赢得比赛而高兴，为此举办盛大的宴会大宴宾客。而在这些毫无意义的宴会过后，我们剩下了些什么？只有惆怅、迷茫、不安、嫉妒和羡慕，只有无止境的仇恨和敌对。"

今天，阿拉伯哈里发正经历逐渐衰落的时期。人们都说病魔会很快夺取讳疾忌医之人的生命。我们应该加快追求真理的步伐，但是通往真理之路是漫长的。幸而有导师的存在，东方的文明之光才能够照亮全人类。阿里·法拉比被公认为是继亚里士多德之后的第二导师，为此安拉会赐予他长命百岁。

七天之后，信使将苏丹的话带到大马士革。

三十七天之后，通过有名望的商人阿布·马里卡的商队，阿里·法拉比的话传到了阿拉伯的沙漠、波斯的深山、印度的丛林、中国的草原和伟大学者的故乡。

原话如下：

　　人不能没有思想，就像鸟儿不能没有翅膀。尊敬世界上伟大的学者、英勇的战士和勤劳的人们，你就会获得安拉的祝福。被上帝儿女之光照耀的东方大地永远不会衰落。

　　我的同胞在远方，
　　我的故乡也在远方，
　　奔驰的骏马永远遮蔽不了通往家乡的路。
　　我的翅膀好似被烧焦——我为往事而难过，
　　透过路上的尘土我看到了故乡的雪。

　　岁月悄然消逝，万物无法唤回，
　　只有痛苦的热泪默默流下……
　　我的安拉，你创造的众多蠢人还在世界上游荡，
　　好似砂砾，炙热与严寒都不能保存。

　　只有赞美理性的短暂。
　　生命在逝去，一切只为人类的权力所操控……
　　多年之后只能发出心中沉重的叹息！
　　我的心在黑暗和寂寞的恐惧中感到痛苦……

　　　　　　　　　　　　　　　（B.别利亚采夫译）

　　对故乡讹答剌的思念之情总是令导师满含热泪，心中涌出对遥远故乡无尽的爱。

　　我爱我的人民，
　　我爱我的故乡。
　　苍天在咆哮，
　　大地在呻吟，
　　电闪雷鸣。
　　只有至高无上的主沉默不语，
　　所以我也保持沉默。

太阳高高地挂在天上，烈日炎炎使得土地都已皲裂。在红色沙漠的上空回响着有节奏的驼铃声，那是一队队驼商在缓缓前行。他们从巴格达出发，将这位伟大突厥人的珍贵手稿带到埃及、叙利亚、巴勒斯坦、君士坦丁堡、西班牙、利比亚、埃塞俄比亚等能珍藏书籍的国家。

只要大地母亲存在，天才就不会逝去。平凡人的美好事业也不会消失得无影无踪。心中永记真主的话，永远和他在一起，就会感受到上帝脚下大地母亲的坚实依靠。

在深入了解伟大导师的思想之后，我，一个六十八岁的老人，在此衷心祈祷，希望阿里·法拉比的珍贵遗产能被解读，并留给后代，它将作为哈萨克民族不朽的财富代代传承下去。

阿里·法拉比·穆罕默德·伊本·穆罕默德·伊本·吾孜拉克·伊本·塔尔汗·阿里·法拉比这位上帝哺育的人类之子将永远得到祝福。

罗兰·谢赛巴耶夫
2014 年 4 月于阿拉木图国际阿里·法拉比日

参考文献

1. 阿里·法拉比：《数学论文集》，阿拉木图：科学出版社 1974 年版。

2. 阿里·法拉比：《哲学论文集》，阿拉木图：科学出版社 1970 年版。

3. 阿里·法拉比：《社会伦理学论文集》，阿拉木图：科学出版社 1973 年版。

4. 阿基舍夫·K.A.，巴伊巴科夫·K.M.，耶尔扎科维奇·Л.Б.：《古代的讹答剌》，阿拉木图：科学出版社 1972 年版。

5. 巴尔多里德·B.B.：《文集》（第 5 卷），莫斯科：科学出版社 1968 年版。

6. 巴尔多里德·B.B.：《文集》（第 6 卷），莫斯科：科学出版社 1966 年版。

7. 比尔德里斯·E.Э.：《波斯—塔吉克文学史》，莫斯科：世界文学出版社 1960 年版。

8. 拜坤·Ф.：《新工具论》，列宁格勒，1935。

9. 加富罗夫·Б.Г.：《塔吉克人：远古、古代及中世纪史》，莫斯科：科学出版社 1966 年版。

10. 戈里高利亚·C.H.：《近东与远东民族的中世纪哲学》，莫斯科：科学出版社 1966 年版。

11. 坎拉德·H.И.：《西方与东方》，莫斯科：世界文学出版社 1966 年版。

12. 列伊·Г.：《中世纪唯物主义史概要》，莫斯科：文学出版社 1962 年版。

13. 贝鲁特:《阿利贝尔·纳斯里·纳迪尔、阿布·纳斯尔·法拉比. 两位哲学家观点的共性》,东方出版社 1968 年版(阿拉伯语)。塔伊然诺夫 . Б . К . 译。

14. 哈伊鲁拉耶夫 · М.М.:《法拉比的世界观及其在哲学史的意义》,塔什干:"Ф а н"出版社 1967 年版。

15. 恰拉扬 · В.К.:《东方与西方》,莫斯科:科学出版社 1968 年版。

16.《金帐汗国历史材料集》(第 1 卷),圣彼得堡,1884 年。

17.《大百科辞典》(第 3 卷),莫斯科:苏联大百科全书出版社 1955 年版。

18. 玛德库尔 · И.:《法拉比在穆斯林哲学的地位》,巴黎 1934 年(法语)。

19. 萨义德·扎伊德.:《阿里·法拉比(870 年—950 年)》,塔伊然诺夫 · Б.К. 译,开罗:知识出版社 1962 年版(阿拉伯语)。

20. 阿巴斯·马赫穆德:《阿里·法拉比》,开罗,1959(阿拉伯语)。

21.《伊本·哈里坎的生平》,巴黎,1871(英语)。